全国教育科学"十三五"规划2019年度教育部重点课题
"普通高校大学生综合国防素质及其测评研究"
（课题批准号DFA190322）研究成果

普通高校
大学生综合国防素质
及其测评研究

程 春 著

ZHEJIANG UNIVERSITY PRESS
浙江大学出版社
·杭州·

图书在版编目(CIP)数据

普通高校大学生综合国防素质及其测评研究 / 程春
著. —杭州:浙江大学出版社，2023.5
ISBN 978-7-308-23578-5

Ⅰ.①普… Ⅱ.①程… Ⅲ.①大学生－国防教育－教
学研究 Ⅳ.①G641.8

中国国家版本馆 CIP 数据核字(2023)第 065398 号

普通高校大学生综合国防素质及其测评研究

PUTONG GAOXIAO DAXUESHENG ZONGHE GUOFANG SUZHI JI QI CEPING YANJIU

程　春　著

策划编辑	吴伟伟	
责任编辑	陈　翩	
责任校对	丁沛岚	
封面设计	雷建军	
出版发行	浙江大学出版社	
	(杭州市天目山路 148 号　邮政编码 310007)	
	(网址:http://www.zjupress.com)	
排　　版	浙江时代出版服务有限公司	
印　　刷	广东虎彩云印刷有限公司绍兴分公司	
开　　本	710mm×1000mm　1/16	
印　　张	13	
字　　数	175 千	
版 印 次	2023 年 5 月第 1 版　2023 年 5 月第 1 次印刷	
书　　号	ISBN 978-7-308-23578-5	
定　　价	68.00 元	

序

自 20 世纪 80 年代普通高校国防教育体系改革并开设"军事理论"课程以来,大学生国防教育取得了令人瞩目和令人赞许的成绩,学生的国防素质得到了显著的加强和长足的进步,适应了当前国内和国际快速变化的发展形势的需要。

程春同志是从部队转业至浙江大学任教"军事理论"课程的一名青年教师。我认识他之时,便认同他对这一教学领域的热爱和执着的科研态度。如今,他承接全国教育科学"十三五"规划 2019 年度教育部重点课题"普通高校大学生综合国防素质及其测评研究"(批准号:DFA190322),可喜可贺。在这个课题的基础上,程春同志完成了《普通高校大学生综合国防素质及其测评研究》一书,由浙江大学出版社出版。

全书选题精准,分章有序,合节有理。有理论与案例,有论点与实证,条理井然,编排有致。尤其是在对当前高校大学生的国防综合素质等大量数据进行分析后,得出了国防教育教学的测评应用方面翔实而可靠的结论,可见其下了一番苦功夫且经过了系统缜密而细致的思考。

我曾在浙江大学军事理论教研室工作近 20 年,在担任教研室主任期间,就对程春同志此书研究的问题思考过多次,也曾想组织研究这方面的课题和编写这方面的书籍,但因当时各种条件局限,一直未能如愿。如今,程春同志担起了这一重任,并著书立说,期待他在此基础上更好地将大学生国防教育推向新领域和新前沿。

笔至此甚为欣慰,是为序。

褚良才

2022 年秋于浙江大学将军山麓

前　言

　　2017 年,我脱下军装退出现役。或许是由于难以割舍凝入血液的军旅情缘,抑或是不愿放弃军事学专业既有的艰难积累,以及持续学习探索的兴趣,最终我还是选择到普通高校当一名军事理论教师,用另一种方式服务国防和军队现代化建设。在教学实践中,我了解到国防教育课程化建设取得的长足进步,同时真切地感受到与军事院校相比,地方普通高校国防教育面临特殊的困难和问题:部分高校尚未建立起一支稳定的专职军事理论师资队伍,辅导员、武装干部、思政教师兼任的情况还时有发生,一些已经拥有专职师资的院校也常因师资难引进、教师发展受限等问题而日益萎缩;支撑课程建设与教学发展的基础理论停滞不前,且与其他问题共同导致了学生对理论教学具有较高期盼而高质量教学供给不足之间的矛盾,制约了军事理论课立德树人的效能;军事课经过了较长时间的课程化发展后,难以向学科化发展迈进,致使其在普通高校难以获得与其战略功能相匹配的地位与发展资源……

　　在解决上述诸多矛盾的方案中,课程目标的引领无疑是最重要的切入点之一。2017 年,国务院印发了《国家教育事业发展“十三五”规划》,明确提出要把“提高学生综合国防素质”作为全面落实立德树人的根本任务之一。这是国家正式文件中首次提出“综合国防素质”的概念;2019 年初,教育部联合中央军委国防动员部下发新修订的《普通高等学校军事课教学大

纲》,对大学生军事课教学提出了"提高学生综合国防素质"的课程目标,
"大学生综合国防素质"成为引领普通高校国防教育的核心目标类概念。
这对大学生国防教育发展无疑是重大的机遇,同时亦对学者的概念解读提
出了要求,只有科学勾勒出大学生综合国防素质的规律性、时代性、综合
性、现实性,才能准确标定大学生国防教育的方向,进而引领资源整合、课
程建设、师资发展、学科创生等。

作为国防教育研究的一个新领域,大学生综合国防素质关注的内容涉
及军地双方,亦随着时代的进步而不断发展,笔者的探索仅仅是一个起步。
也许它更重要的作用是引起军地各方专家学者的更多关注和思考,汇聚新
的力量于学科创生、课程建设,为全民国防教育贡献笔者的微薄之力。全
书共分四章,第一章主要介绍大学生国防教育的历史与现状、性质与功能,
并以此为背景阐释大学生综合国防素质概念的逻辑线索与时代价值;第二
章主要构建了普通高校大学生综合国防素质的理论模型,并基于该模型探
讨了加强普通高校大学生国防教育的实践路径;第三章基于理论模型编制
了大学生综合国防素质量表,并使用该量表开展了相关实证测量研究;第
四章着眼大学生军事理论教学中的现实矛盾问题,探索构建了军事理论课
体验式教学的情感模式,并以《普通高校大学生综合国防素质量表》为工具
开展了相关教学实验研究。

本书在写作过程中吸收了许多专家学者的研究成果,谨致诚挚的谢
意。由于大学生综合国防素质涉及国家安全学、军事学、教育学、心理学等
诸多学科的交叉领域,理论性与实践性强,笔者的认识和把握尚有许多局
限性,书中难免有疏漏与不足,敬请同行专家、学者和广大读者批评指正。

程 春

2022 年 10 月于浙江大学紫金港校区

目　录

第一章　国防教育与大学生综合国防素质 / 1

　　第一节　国防教育:概念、属性与功能 / 4

　　第二节　学校国防教育与普通高校大学生国防教育 / 26

　　第三节　普通高校大学生综合国防素质概念提出的三重逻辑 / 30

　　第四节　综合国防素质及大学生综合国防素质的研究现状 / 44

第二章　普通高校大学生综合国防素质的理论模型及其实践启示 / 51

　　第一节　研究方法与研究设计 / 53

　　第二节　普通高校大学生综合国防素质理论模型的质性建构 / 61

　　第三节　以综合国防素质为引领加强大学生国防教育的

　　　　　　实践路径 / 69

第三章　普通高校大学生综合国防素质的量表编制 / 75

　　第一节　量表编制的流程与方法 / 77

　　第二节　研究结果与讨论 / 82

第四章 大学生综合国防素质量表在教育教学中的测评应用
　　　　——以军事理论课体验式教学的情感模式为例 / 103
　　第一节 军事理论课的内容体系与育人特点 / 106
　　第二节 大学生军事理论教学中的矛盾与应对 / 111
　　第三节 体验式教学的情感模式:军事理论课教学设计的
　　　　　　新视角 / 120
　　第四节 体验式教学的情感模式的理论基础、设计逻辑与
　　　　　　基本内容 / 129
　　第五节 军事理论课体验式教学情感模式的教学实验研究 / 159

参考文献 / 171

附 录 普通高校大学生综合国防素质量表 / 189

第一章　国防教育与大学生综合国防素质

国防是国家生存和发展的安全保障,是实现中华民族伟大复兴的可靠支撑和坚强后盾,在国际战略格局深度调整、大国战略竞争日益凸显的今天,国防建设的地位和作用尤为重要。国防教育是国防建设的基础性工程,是现代国防动员的重要环节。党的十九大报告明确提出了"加强全民国防教育"的要求,党的二十大报告进一步提出"深化全民国防教育"的更高要求。普通高校历来是全民国防教育的战略高地,特别是自2001年国家开始在全日制普通高等学校在校生中征集自愿入伍的新兵试点工作以来,高校大学生参军入伍人数不断增多。据笔者调研了解,2018年全国征收的兵员中大学生占比高达76%,近年来这个比例仍在攀升,大学生群体已经成为维护国防安全的主体力量。此外,随着军民融合战略深度推进,高校大学生也日益成为推动军民融合发展的重要支撑力量,加强高校大学生国防教育是国家安全和发展刻不容缓的战略课题。

　　大学生综合国防素质是引领大学生国防教育发展的核心目标类概念,是牵引普通高校国防教育内涵式发展的重要理论基石,也是解决既有国防教育领域重大理论与现实问题的重要钥匙。对大学生综合国防素质的概念及其测评研究,必须置身于国防现代化建设、全民国防教育的战略视野中,置身于大学生国防教育的发展脉络与现实症结中,才能寻觅到理论发展的脉络及其应有的地位与指导价值。

第一节　国防教育：概念、属性与功能

一、国防教育的概念及其属性

国之大事，在祀与戎。祀，即祭祀，引申为纪念，关系到国民的伦理道德、情感安置与精神信仰；戎，即军事，延展至国防，关系到国家的长治久安与民众的生死存亡。国无防不立，民无兵不安。古罗马从文治武功的全盛时期走向后来的四分五裂、我国从"天朝上国"步入屈辱的近代史，古今中外的大国兴衰史无不串联着与国防建设休戚相关的逻辑线索，难怪 2500 年前，中国的兵家先贤孙武在其《孙子兵法》十三篇的首篇、首句中，就曾以呐喊式的口吻告诫世人：兵者，国之大事，死生之地，存亡之道，不可不察也！

国防教育是为了捍卫国家主权、领土完整和安全，防御外来侵略、颠覆和威胁，对整个社会全体公民有组织、有计划地在国防政治、思想品德、军事技术战术和体质等诸方面施以影响的一切活动。[①] 作为"国防"与"教育"的结合，其表现出国防与教育的双重属性。一方面，作为教育领域的国防现象，它是国家防卫活动的重要组成部分，随着国家防卫活动的产生而产生，并随着国家的安全防卫需要、战争形态演变、军兵种发展、兵役制度

---

① 武炳，等.国防教育学[M].北京：国防大学出版社，2002：4.

的沿革等而发展变化,深深烙上了战争与国防的印迹。在国家形成之前的人类社会早期,人们"战争"的主要敌人是自然界的野兽,作战中主要使用木石兵器肉搏防卫。这种防卫性活动极为简单且并未与生产活动真正脱离,防卫性教育亦未从防卫活动中脱离出来。当时的国防教育,内容上与生产性教育活动相重合,形式上多采用手口相传和牧猎场实践教学的方式方法,表现出尚未分化的原始萌芽状态。中国古代夏商西周时期,为了维护奴隶制国家政权的需要,国家组建了一定规模的军队。其间,青铜兵器出现并逐步取代了木石兵器,车兵从步兵中演化而出并日益成为主战的兵种力量,密集方阵的车战也逐步取代了单纯的肉搏格斗,作战中指挥、协同的重要性不断提升,作战理论初步形成。与战争需要相适应,国防活动逐步从生产活动中脱离,国防教育亦从国防活动中分化而出。尽管这一时期的教育文武不分,对象亦主要是奴隶主贵族阶层,但学校军事教育的出现及其发展,标志着国防教育专业化发展的巨大飞跃。春秋战国时期,战争频发,战争的规模亦不断扩大,各诸侯国为扩充兵员大力改革并推行征兵制[1],西周时期"国人"当兵、"野人"不能当兵的制度被逐步打破[2],国防教育的对象进一步覆盖由"庶人"转化的农民,及至战国时期,各国已实施对农民普遍军训的国防教育制度[3]。随着兵器种类和质量的扩充与提升,以及车兵、舟师、步兵、骑兵等不同兵种的兴起及其地位演化,分兵种组织专业训练、共同训练、兵种协同训练成为这一时期的重要特征。战争复杂性使得"军将"系统及其指挥机构从文官系统分离,军事统帅部门的分专业训练成为这一时期国防教育专业化、精细化发展的重要体现。此外,随着军

---

① 据史料记载并推算,战国时期的总人口约 2000 万人,而战国七强的总兵力即达到了 500 万人,相当于平均每 4 人中需要产生 1 名兵员。

② 根据《历代兵制浅说》,国和野的区分由征服而来,即周民族征服商民族,作为战胜者的周贵族及其宗族或家族移居商人之中。为防止商人反抗,周人及投靠他们的殷旧贵族及其宗族或家族聚居郊内,称"国人";商人及监视他们的周人或殷旧贵族散居四野,称"野人"。本质上,国人属于自由民,野人则是奴隶。见刘昭祥,王晓卫.历代兵制浅说[M].北京:解放军出版社,1986.

③ 许长志.中国古代军事教育史[M].济南:黄河出版社,1992:92.

事理论的发展成熟及战争实践指导需求的日益迫切,从军将到士卒、从行伍到民间,研学军事理论蔚然成风。秦汉时期,全国性郡县征兵制确立,国防教育的对象实现了全民覆盖。随着军兵种和武器装备形制的进一步发展,步兵开始区分轻、重专业进行训练,军事体育项目进一步丰富发展,骑兵技术、阵势及战术训练逐步进入科学、正规的轨道,通信兵发展迅速,水军训练充实了新的内容,军兵种训练的专业化、精细化程度进一步提升。魏晋南北朝时期,为适应连年战争的需要,统治者大都把国防教育摆在突出位置,且高度重视战争间隙及战前的临战训练,北朝周武帝更是将诸军兵种大规模校阅训练形成制度固化下来。隋唐至宋,封建统治者开设武举、创办武学以适应国家统治与战争需要。至北宋起,火药应用于军事,战争进入冷热兵器并用的新时期,元代蒙古军加强了对炮兵的教育训练,明成祖朱棣设立神机营,专门训练部队使用火器。近代中国在国防上屡屡受挫,晚清统治者为形势所迫,开办近代军事学堂、派遣海军留学生出国学习军事,近代军事教育发端于此。中华民国成立后,国民政府从教育与训练两方面实施军国民教育。① 南京国民政府还曾把学生军训和壮丁训练作为重要内容纳入国防教育,并建立了相对健全的国防教育组织体系以应对日益深重的民族危机。中国共产党亦在敌后抗日根据地组建文教统一战线,动员组织抗战活动。中华人民共和国成立后,随着国家安全形势的发展,我国国防教育经历了以抗美援朝为中心、以宣传首部兵役法为中心、结合边境防卫作战开展以及新时期国防教育四个阶段②,教育体系逐步完善,国防教育在促进国防建设、捍卫国家安全上发挥了巨大作用。

另一方面,作为国防领域的教育现象,它又是教育的重要方面,贯穿体现了教育和文化的逻辑。首先,作为一种教育现象,其与人的培养和素质

---

① 吴建平.我国近代国防教育的历史发展及其启示[J].昆明理工大学学报(社会科学版),2010(4):95-99.

② 奂纪荣.中国国防教育史概论[J].军事历史研究,2002(3):129-142.

发展紧密联系。中国先秦时期的"六艺"教育,强调文武并重、诸育同施。尽管有其历史局限性,但它开启了特定历史背景下的全面教育、综合教育,展现了军事教育、国防教育的独特育人功能。在不同国家、民族及其不同的历史阶段,国防教育的教育内容、组织模式等不尽相同,但其始终发挥着价值引领、伦理约束、人格塑造、强身健体等多样化的教育功能。其次,作为一种教育现象,国防教育还是国防文化的重要组成部分,它在特定的国防文化背景中展开,深受当时国防文化认知能力、价值取向、文教政策等的影响。例如,在中国古代夏商时期,由于认识能力的低下,人们对战争的理解受唯心主义的"天命观"笼罩,对士兵战前的誓师教育往往与"天命""天罚"相联系;而西周以后,统治者朴素地意识到政治腐败带来的政权安全问题,在思想文化上开始将"敬天"与"保民"有机统一起来,国防教育中则渗透了"吊民伐罪"的战争观教育;春秋战国时期,人们认识能力不断提高,频繁的战争实践促进了军事学术的发展与繁荣,唯心主义的战争观教育难以满足社会的需要,以研习兵法为主要形式的国防理论教育成为国防教育的重要内容。再如,自秦统一六国以后,中国的国防文化则贯穿了以"统一"为重要内容的爱国主义的思想,它至今仍影响着当代国防教育的内容及其开展。还比如,秦采用"禁私学,以吏为师"和"焚书坑儒"的教育政策,它严重制约了这一时期国防理论教育的发展;而汉代自汉武帝实行"独尊儒术"的文教政策后,既牵引了军事学术的发展方向,又促进了国防理论教育的组织实施。最后,作为一种教育现象,国防教育传播并创造了各具特色的国防文化,深刻影响着国人民族文化心理的底色。如中国的国防教育在与传统文化的互动中,产生了以"重谋""重防""重义""重陆"为特色的国防文化,而中国老百姓耳熟能详的"弦高舍财救国""花木兰替父从军""屈原忧国投江""岳飞精忠报国"等传统故事,以忠君、重孝、爱国为主题,作为国防教育的精神成果汇入中国传统文化之中,影响了一代又一代中国人的价值取向和道德追求。

二、国防教育的功能

所谓国防教育的功能,是指国防教育的内部诸要素之间、国防教育系统与外部环境之间相互联系、相互作用过程中表现出的特性与功效。[①] 它是国防教育价值的基本依托,也是国防教育目标设置与教育评价开展的基本依据。国防教育的功能,根据其联系对象的不同,可区分为面向国家的战略功能,面向宏观社会的政治、经济、文化功能,以及面向个体的育人功能。

(一)面向国家的战略功能

国防教育面向国家的战略功能,是指国防教育具备提升国家战略能力的重要作用。所谓国家战略能力,是指一个国家运用其战略资源实现国家战略目标的能力,它既包括遏制战争、打赢战争的能力,又包括塑造态势、赢得竞争的能力。[②] "国家战略能力"的概念,超越了"综合国力"概念对国力描述的静态性和模糊化,凸显了人的主观能动性在实现国家战略目标中的作用,而这恰恰给教育功能的发挥提供了广阔的空间。

我国战略学者张文木将国家战略能力的核心概括为战略文化、战略思维与战略管理三个有机部分。[③] 如图1.1所示,战略文化面向的主体是全体公民,特指公民的国家观念和政治意识;战略思维面向的主体是国家中的知识分子群体,特指这一群体的政治认知能力;战略管理面向的主体是国家的领袖层和权力部门,特指国家领袖层和权力部门为实现进入决策层面的战略目标而进行的战略管理活动。战略文化是战略思维形成的文化

---

① 石虎.普通高等学校国防教育的功能研究[D].武汉:武汉理工大学,2008:7-9.
② 詹家峰.国家战略能力与综合国力关系浅析[J].现代国际关系,2005(4):21-27.
③ 张文木.全球视野中的中国国家安全战略(上卷)[M].济南:山东人民出版社,2008:12.

土壤,战略思维是战略文化中感性部分的理性升华,而战略管理是进入实践层面的战略文化和战略思维。国防教育直接传播并塑造着国民的战略文化心理,用先进的国防指导理论武装人们的战略思维,它还通过各种智库直接影响以及通过文化与思维间接影响领导层的战略管理,故而对国家战略能力产生全息性影响,是提升国家战略能力的重要方面。国防教育对国家战略能力的提升作用,根据其应对的威胁与情境不同,具体表现为对战争的打赢和慑止功能、对突发状况的应急处置功能和应对大国战略竞争的功能。

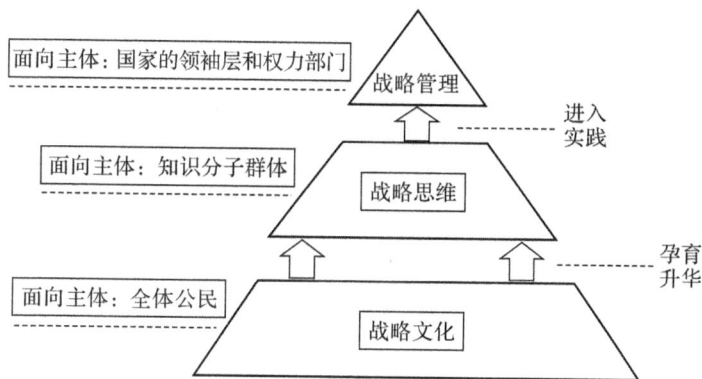

图 1.1　国家战略能力的结构

1.打赢和慑止战争的功能

国防教育的国防功能主要体现为战时打赢、平时慑战两个方面。所谓战时打赢,是指国防教育工作做好了,当战争来临的时候,有利于夺取战争胜利。国防教育的战时打赢功能得益于国防教育的直接作用与间接作用。间接作用是指国防教育有利于国家优质资源流入军事系统,有利于国防和军队现代化建设,进而提高部队打赢现代战争的能力;直接作用是指国防教育在战时直接能形成打赢敌人的作战能力。解放战争中的淮海战役,敌我双方总投入兵力约 140 万人(国民党军队约 80 万,共产党军队约 60万),最后人民军队成功歼敌 55 万多人,最终取得胜利。究其原因,一个重要的方面是共产党挟土地革命之威所进行的战争动员和教育工作。而与此形成对比的是,晚清政府在国防上屡屡受挫,原因的表象是"四万万中国人,一盘散沙而已",而深层次的原因,则是统治阶级的阶级局限性,以及由此带来的在现代国家观念教育、国防安全教育方面的缺失。

所谓平时慑战,是指国防教育做好了,往往能对潜在的对手或敌人形成强大的威慑力,使国家免于战乱。例如,地处欧洲中部的瑞士,国土面积仅有 4.12 万平方公里,少量的人口基数决定了它很难维系庞大的职业军队,但瑞士自 1815 年在维也纳会议上被确立为"永久中立国"以后,200 多年来从未发生过战争,这与其全民皆兵的兵役制度及这种制度下所进行的普及性国防教育息息相关。历史上,希特勒德国亦曾酝酿发动对瑞士作战的"圣诞树"作战计划,但经过情报侦察了解了瑞士的国防潜力和国防动员能力后,最终放弃了该作战计划。瑞士一名外交官曾说:"瑞士公民迈出右脚是一名公民,迈出左脚就是一名战士。如果要问我们为什么近 200 年没有打仗,因为我们随时准备打仗。"[①]扎实的国防动员和教育工作为瑞士慑止敌人、赢得和平提供了保障。

2. 应急处置的功能

我国是一个灾害频发的国家,应对灾害性事件是国家安全职能的重要方面。应对灾害性事件的行动,诸如 2003 年抗击"非典"病毒、2008 年抗击"5·12"汶川特大地震灾害以及 2019 年 12 月以来的抗击新冠疫情,如同打一场现代化战争,涉及国防动员的诸多领域。正是由于国家应急处置与国防动员在内容上的重合性以及手段上的相似性,将国家应急管理体制与国防动员的体制融合建设、一体发展,成为众多国家的战略选择。国防教育是国防动员的基础性环节,其覆盖对象广、政治属性强、形式手段活、

---

① 张颖姝,王振浩.从皇室到平民百姓,世界各国国家安全教育这样做[EB/OL].(2018-04-15)[2022-10-06].http://www.81.cn/wjsm/2018-04/15/content_8004540_5.htm.

持续时间久、既有基础牢,所形成的强大社会凝聚力与动员能力,不仅能战时应战、平时威慑,而且在紧急时刻能发挥应急处突的重要非军事功能,是国家应急处置与国防安全的共同财富。2020年开始,我国积极开展新冠疫情防控,打响了规模空前的动员战、总体战。其间,国防动员系统充分发挥桥梁纽带作用,军地跨军种、跨兵民、跨地域联动,广大民兵投身生产一线复工复产。① 这既是国防动员与国家应急管理体制一体化建设的成果,也是国防教育凝聚力、动员力、组织力的重要体现。

3. 战略竞争的功能

2017年底至2018年初,美国出台了包括《国家安全战略》《国防战略》《核态势评估》等多份战略级文件,明确将中俄确立为"修正主义国家",并宣告美国从此进入"大国竞争时代"。拜登政府继承了特朗普政府时期大国竞争的战略转型,持续聚焦于经济、科技、安全、人权等诸多领域遏制与打压中国。中美战略竞争的复杂性、长期性、尖锐性考验着两个国家的战略意志与战略能力。而国家战略竞争的能力,是国家权力部门与民众互动的结果。从国家层面看,其主要表现为领导层的战略定力、战略决策、战略运筹、战略组织等方面;从民众层面看,其主要表现为民众对领导层战略方针、决策、部署、组织等活动的认同与支持,而这种认同与支持与否又表现为能否"令民与上同意"的社会组织和动员能力建设。从特朗普及拜登政府时期美国对华战略竞争的行为特点看,美国为赢得竞争优势,对以上两个方面能力的建设与运用均极为注重。一方面,注重对政府权力部门战略能力的整合。美国政府在其《2019财年国防授权法案》中提出,"对中国的长期竞争战略是美国的第一要务,为此必须整合外交、经济、情报、执法、军

---

① 周仁,赵晓芳,杨龙泉.同心抗"疫":国防动员系统众志成城抗击新冠肺炎疫情[EB/OL].(2020-03-11)[2022-10-06].http://www.81.cn/jmywyl/2020/03/11/content_9765933.htm.

事等国家力量的多种要素来保护和加强国家安全"①。这开启了对华战略竞争的"全政府模式",其本质是统合政府权力部门的诸多力量,加强政府部门的沟通协作,进而形成对华战略竞争的一体化战略能力。另一方面,注重对社会民意的牵引与塑造。在与中国战略竞争的各种战略行为中,美国频频使用"国家安全"的借口,且往往产生了对美国普通民众的认同与支持效应,就在于其建立了较为全面立体的国家安全和国防教育体系:从幼儿园儿童特殊的升旗仪式,到遍布全国的童子军教育,再到后备军官训练团(ROTC)制度;从阵亡将士纪念日教育活动,到节日庆典中充斥的军事元素安排,再到营造全社会尊重军人的整体氛围。国防教育的社会凝聚功能和动员功能尽管被政客滥用,但不可否认的是,其正成为国家战略能力的重要部分,在大国竞争进一步长期化、尖锐化的当下,它的战略竞争功能还将进一步凸显。

(二)面向宏观社会的政治、经济、文化功能

国防教育面向社会的功能主要表现在政治、经济和文化等方面。其中,面向社会的政治功能,主要是指国防教育有利于政治发展的政治导向功能、人才保障功能和政权稳定功能;面向社会的经济功能,主要是指国防教育在经济活动中的支撑保障与激励促进功能;面向社会的文化功能,主要是指国防教育对国防文化的选择、传承、创新和安全维护功能。

1.政治功能:政治导向、人才保障、政权稳定

首先,国防教育具有鲜明的政治导向功能。国防教育通过系统的思想理论教育、严肃的国防法规教育、灵活的仪式庆典教育、规范的行为养成训练等,使受教育者形成特定的政治观念、政治情感和政治行为倾向。例如,

---

① Congress. Gov[EB/OL]. (2018-08-13)[2023-03-08]. http://www. congress. gov/bill/115th-congress/house-bill/5515/text.

我国普通高校大学生就学期间须接受以军事课为主要内容及形式的国防教育。该课程开展马克思主义战争观教育,并以其为内核拓展培育马克思主义的哲学观、社会观、政治伦理观;课程讲授我国的国防制度、国防文化、国防战略、国防思想,以及国防现代化建设取得的伟大成就,使学生形成国防理论、国防文化、国防制度和国防道路自信。这些教育作为大学生思想政治教育的重要组成部分,发挥着思想政治导向的重要功能。

其次,国防教育具有突出的人才保障功能。教育的人才保障功能主要表现为通过各类教育活动培养满足特定社会需求、符合特定阶级价值标准的各级各类社会人才。例如,我国是中国共产党领导的社会主义国家,这一政治属性规定了我国教育的根本目标和根本任务是"培养社会主义建设者和接班人""培养一代又一代拥护中国共产党领导和我国社会主义制度、立志为中国特色社会主义奋斗终身的有用人才"①。国防教育的人才保证功能主要体现在对专门型人才和一般型人才的培养上。专门型人才主要包括专门的政治人才和军事人才,其中政治人才是指国家各级党员领导干部。由于他们是国家方针政策的制定者、落实者,是具体工作的组织者、执行者,其政治立场、政治素养、政治能力往往极大影响着国家局部甚至整体的政治走向。鉴于此,2006 年 11 月 13 日,我国国家国防动员委员会颁发的《全民国防教育大纲》明确提出了全民国防教育的三类重点人员,并将"领导干部"作为其中的首要重点对象。这既反映了国家对领导干部政治素养与政治能力培养的重视,也反映了我国对国防教育人才保障功能的清醒认识和自觉利用。另一种专门型人才是军事人才,它特指军事领域中用自己的创造性劳动,对国防军队建设、军事斗争准备做出较大贡献的人才。② 军事人才的主体是现役军人。广义的国防教育涵盖了以现役军人

---

　　① 习近平:坚持中国特色社会主义教育发展道路 培养德智体美劳全面发展的社会主义建设者和接班人[N].人民日报,2018-09-11.

　　② 熊武一.中国军事大辞海[Z].北京:线装书局,2010:1299.

为主要对象的军事教育,狭义的国防教育是以非军事人员为主要对象的普及性教育,但无论是广义的国防教育还是狭义的国防教育,都涵盖了社会为军队人才输送所进行的准备性教育以及军民融合培养军事人才的内容。国防教育注重筑牢受教育者的军政素质根基,为军事人才的选拔、培养奠定了基础。一般型人才是指以上政治人才和军事人才以外的人才,他们从事于社会主义建设的各行各业。国防教育作为"立德树人"教育体系的重要组成部分,发挥着思想政治教育的基本功能,使其厚植爱国主义情怀,铸牢社会主义核心价值观,坚决拥护中国共产党的领导和中国特色社会主义制度,成为合格的社会主义建设者。

最后,国防教育具有重要的政治安全功能。所谓政治安全,是指国家在政治方面免于各种因素侵害和威胁的客观状态。[①] 影响国家政治安全的威胁有内外之分,外部主要存在政治干预、武装颠覆、和平演变等风险,而内部还存在政权合法性(即国家的政治体系和意识形态是否受民众认同与拥护)的挑战。国防教育因其国防与教育的双重属性,对这两种安全皆具有重要的维护支持性作用。一方面,国防教育因其独特的政治导向功能,使民众保持对国家政治的强烈认同,并以此形成本国政治体系和发展道路的吸引力与竞争力;另一方面,国防教育通过培育国防意识、提升国防素质,有利于国家防卫性活动的发动和组织,而这种防卫性活动涵盖了对外部政治干预、武装颠覆、和平演变的防范和抵制。总之,国防教育在内外两个方面皆有利于维护国家的政治安全。

2. 经济功能:支撑保障与激励促进

面向社会的经济功能,是指国防教育在与经济的联系中表现出的作用与效能。这种效能主要体现在两个方面:一方面,作为一种国防现象和国防活动,其在与经济活动的联系中展现出的作用与效能;另一方面,作为一

---

① 刘跃进.政治安全的内容及在国家安全体系中的地位[J].国际安全研究,2016(6):3-21.

种教育现象和教育活动,其在与经济活动的联系中展现出的作用与效能。

作为一种国防现象和国防活动,国防教育对国家经济发展具有战略性的支撑和保障作用。战略学者张文木研究了近现代以来大西洋两岸地缘政治力量的消长规律,得出了"国家间财富大规模转移本质上是依托暴力实现的政治过程"①的基本结论,这进一步揭示了马克思主义关于"战争是流血的政治""政治是经济的集中体现"的基本逻辑。国防教育背后蕴藏的政治意蕴以及更深层次的经济关联,决定了它不是简单的教育活动,其核心是提升人的安全防卫意识和活动能力,通过静态威慑或动态塑造,营造和创设出良好的国际国内经济社会环境,为国家经济建设和发展提供安全支撑和战略保障。当前,中国经济已深度融入世界经济,尽管和平与发展仍是时代发展的主题,但不容忽视的是,霸权国家依靠和平演变、政治干涉、武装颠覆、军事扩张甚至直接诉诸战争的方式获取经济和政治利益的方式仍然大行其道,对此习近平主席反复强调"国防和军队建设,必须放在实现中华民族伟大复兴这个大目标下来认识和推进,服从和服务于这个国家和民族最高利益"②的基本要求,其核心和本质之一,即指向了国防的经济支撑保障功能。

作为一种教育现象和教育活动,国防教育对经济发展具有巨大的激励与促进作用。教育经济学中的人力资本理论认为,凝聚在劳动者身上的体力、知识、技能及其所表现出来的劳动能力,是现代经济增长的主要因素,是一切生产资源中最重要的资源。③ 国防教育尽管并非直接为生产服务的职业教育或劳动教育,但它通过军事体育类活动锻炼了劳动者的体魄和意志,通过国防观念类教育提升了劳动者的安全意识、时间观念、创新意

---

① 张文木.全球视野中的中国国家安全战略(上卷)[M].济南:山东人民出版社,2008:15.
② 人民日报:实现中华民族伟大复兴的科学理论指导和行动指南[EB/OL].(2016-05-06)[2022-10-06].http://opinion.people.com.cn/GB/n1/2016/0506/c1003-28328985.html.
③ 张学敏,叶忠.教育经济学[M].北京:高等教育出版社,2009:19.

识,通过军事战略思维教育提升了管理人员的战略规划与管理能力,它与其他教育一起进入"人力"的范畴,产生提高劳动效率、促进劳动生产的重要"资本"效益。需要引起重视的是,随着战争形态的信息化演变、经济形态的市场化作用以及技术形态的军民通用性特点凸显,世界主要大国在统筹安全与发展、国防建设与经济建设上纷纷推进军民融合式发展。党的十八大以来,党中央围绕军民融合发展作出新的部署,并将军民融合发展上升为国家战略,军民融合教育成为军民深度融合发展的重点领域。从人力资本的视角看,军民融合教育作为国防教育的重要内容,不仅有利于充分就业,而且促进了人才的军地双向流动,改善了军地人力资源配置,产生了良好的经济效果。

从教育经济学中的社会资本理论视角看待国防教育的经济功能或有新的发现。该理论认为,存在于一定社会关系、社会结构和社会组织基础上的以规则、程序、先例等为主要表征的结构型社会资本,以及以社会规范、价值观导向、信任、态度、信仰等为表征的认知型社会资本,均能有效促进信息沟通分享、引导规范市场行为、加强市场主体协助、降低市场交易成本,进而产生相应的经济效益和经济价值。[①] 国防教育内含了大量的爱国主义、艰苦奋斗、纪律观念、集体主义、忠诚观念、荣辱观念、责任观念等方面的教育,具有强大的社会规范、价值引导、人际协调、精神动力功能,相比于人力资本的算术速度积累,它形成的社会资本将呈现指数级增长,能有效地促进经济的发展。

3. 文化功能:选择、传承、创新、安全维护

教育是人类重要的社会活动、文化活动,是文化的一部分。[②] 因而,国防教育除了是国防活动和教育活动以外,还是国防文化的组成部分。这里

---

① 张学敏,叶忠.教育经济学[M].北京:高等教育出版社,2009:33-34.
② 顾明远.中国教育的文化基础[M].太原:山西教育出版社,2018:29.

的"组成部分"包含两个层面的含义：一是国防教育作为一种教育活动形态，具有规范化和制度化运行的特征，因而表现为制度层面的国防文化；二是国防教育作为一种教育理论形态，是国防理论的重要内容，表现为观念层面的国防文化。不过，教育毕竟是一种特殊的文化表现形式，相比于文学、艺术等文化形态，教育的本质是一种塑造人、培养人的活动，而这种活动又大多以"文以化之"的方式进行，具体到国防教育领域则表现为对国防文化的选择、传播和创新。国防教育是国防文化选择、传播、创新的主要途径，在这一进程中还发挥着维持和增益国防文化安全的功能。

首先，国防教育具有国防文化选择的重要功能。所谓文化选择，是指文化主体根据自身需要（这种需要表现出一定的时代性与社会性），对本民族已有的文化或者外来文化进行淘汰或保留、学习或抵制的取舍行为。国防文化选择是国防文化传播与发展的起点，它为国防文化的传播与发展确定了基准方向。文化选择有强势的行政干预（如秦始皇"焚书坑儒"），有激烈的社会运动或社会革命，也有潜变的自然劣汰等多种手段，而教育是在纵向的代际传递和横向的多主体交流中通过教育内容取舍、文化价值褒贬来实现文化的选择功能。国防教育对国防文化的选择功能主要体现在两个方面：一方面，国防教育为国防文化选择提供了基本价值尺度。国防教育的核心是爱国主义教育[①]，本质是国家安全教育，它强调维护国家根本的安全和发展利益是国防文化选择的基本准绳。另一方面，国防教育为国防文化选择提供了基本的思维方法。其中，安全思维、战略思维是主体文化选择的基础与前提。安全思维强调国防文化安全是国防安全和国家安全的重要组成部分，国防文化的选择必须置于国防文化安全的总前提和总要求下进行；战略思维则强调国防文化选择中潜藏着文化安全的风险以及激烈的生死博弈，必须强化敌情意识和斗争观念，提高忧患意识和斗争能

---

① 赵康太.中国大学生教育管理体制改革与创新研究[M].海口:海南出版社,2003:116.

力。创新思维是主体进行文化选择的动力与方法,它强调主体对待自己既有文化要有消除积弊、推陈出新的开拓动力,面对外来多元文化亦要有扬弃结合、综合创新的方法。国防军事领域激烈而残酷的对抗性以及主体对抗行为的盖然性决定了其独特的安全需求、战略需求和军事创新需求,这种需求演化为国防领域对受教育者安全思维、战略思维和创新思维的教育诉求,它们牵引着国防教育的走向,深刻影响着国防文化的选择。

其次,国防教育具有促进国防文化传播的重要功能。文化的传播是文化得以保存和延续的前提,而教育是其主要实现路径。国防文化的教育传播有纵向传播和横向传播两种。纵向传播主要是代际传播,它通过对受教育者的言传身教,以及学校与社会的环境熏陶和制度规范,向受教育者传递国防传统习惯、知识技能、技术战术、礼仪规范、价值观念等,进而发挥国防文化的吸引力、感召力、凝聚力、战斗力作用。横向传播包含了跨军种、跨军民、跨国别等多种形式,其中国防教育的跨军种传播主要表现为不同军兵种军事院校的交流合作与联合育人,它是当前培养联合作战指挥人才的基本方式,也是促进战斗力向基于信息系统的联合作战能力升级的重要保证;国防教育的跨军民传播主要指军地合作开展国防教育,它是国防教育军事属性的基本要求,也是用先进军事文化武装民众、发挥国防军事文化引领功能的基本要求;国防教育的跨国别传播主要包括各高校(包括军事院校和地方高校)互派留学生、教育领域的国际军事合作与交流等,它是促进世界各国军队及民众相互了解信任、推动国防和军事文化创新发展、展示军队国际形象的重要途径。

再次,国防教育具有促进国防文化创新的重要功能。文化创新是文化由量的积累向新质文化产生的飞跃现象,是文化的基本生命特征,也是文化适应社会系统并发挥其社会功能的基本要求。国防文化——包括国防价值文化、国防思维方式、国防科技文化、国防伦理文化、国防训练文化、国防战略文化、国防审美文化等——诸多方面的创新,涵盖了国防与军事领域的方方面面,本质上构成了国防与军事创新的主体内容、精神母体与动力源泉。国防教育在国防文化创新中的作用主要通过人才培养和知识创造两条路径实现:在人才培养上,国防教育为国家和社会培养了大批国防创新人才,他们服务于国防和军队建设,在国防和军事领域创造新的物质文明和精神文明成果;在知识创造上,学校育人的同时开展军事学术交流、国防科学研究,直接创造出新的国防知识、国防技术、国防思维方式等,推动了国防文化的创新发展。

最后,国防教育具有维持和增益国防文化安全的功能。国防文化安全是指一国的国防文化能有效抵御来自内部或外部腐朽、落后、反动文化的破坏与干扰,使其动态上沿着既定方向顺利发展、静态上保持各子系统的相对稳定进而能够正常发挥文化的各种作用。国防文化安全是全球化时代构筑国家安全屏障的重要支撑,是构建与提升一体化国家战略能力的有效途径,也是提升国防和军事软实力的重要方面。[①] 文化的安全及其发展是文化内外规律共同作用的结果。在其外部性上,作为上层建筑的文化表现为与一定的政治、经济、资源禀赋等相协调适应的要求,如果违背了这个规律,就会演变成经济、社会或文化安全问题。例如,中国文化中蕴含着关注和重视集体公共利益的文化价值取向,同时民众对政府亦有着"无限政府"的期待和诉求,这种文化取向和价值理念的产生可以追溯到中国古代灌溉农业的集体协作以及洪涝灾害下的公共治理,它与中国特定的资源禀赋、经济生产以及治理体系相适应。中国在抗击新冠疫情期间的优异表现亦与这种文化价值相关联,如果不观照这种文化的外部关联性及其适应性,盲目追随外来文化及其政策主张,甚至放弃对民生的诉求而实施类似一些西方国家"躺平"式防疫政策,轻则导致卫生防疫方面的灾难,重则演变成社会安全、政治动荡等问题,而防止外来文化的干扰则表现为文化安

[①] 苏梁波.全球化时代中国军事文化安全问题研究[D].南京:南京师范大学,2012:10.

全的诉求。在其内部性上,文化的安全体现为文化内部各子系统相互协调适应的基本要求。国防文化系统中包含着国防科技文化、国防战略文化、国防价值文化、国防理论文化等诸多子系统,科学技术的发展必然引发国防科技文化的创新发展,而如果国防文化的其他子系统不能与之适应性发展,势必影响国防文化系统的功能发挥。国防文化的发展演变及其安全状态,既是客观规律作用的过程,更是人的主观选择的结果,而人的文化选择主要基于个体对自身需要以及文化价值功能的理性认知与甄别,这恰恰为国防文化的自省、自觉、自信提供了广阔的教育空间,国防教育亦具备了维系和增益国防文化安全的重要功能。

(三)面向个体的育人功能

需要指出的是,无论是国防活动还是社会政治、经济、文化等活动,其主体都是作为单个的或者社会共同体的人。教育的作用,是通过有目的、有组织、有计划的干预性活动,培育具备特定思想、道德、知识和能力的人,使其参加相应的社会性活动,进而发挥教育的衍生性功能。也就是说,国防教育对国家和社会的工具性效能,都是教育的育人功能的衍生性功能,根本上依赖教育的直接功能,也即育人的质量与效益。教育的育人功能,根据教育对人的素质的培养与提升作用,可以体现在德育、智育、体育、美育等诸多方面。

1.德育功能

"德育"的概念在不同地区、不同历史时期有不尽相同的内涵与大小不同的外延。根据当代中国"大德育"的理解,德育主要包括思想教育、政治教育和道德教育三个密不可分的组成部分。[①] 国防教育的德育功能亦即国防教育有利于对受教育者开展思想教育、政治教育和道德教育三个方面

---

① 黄向阳.德育原理[M].上海:华东师范大学出版社,2000:1-7.

的育人作用。首先,国防教育是思想教育的独特载体和有效手段。所谓思想教育,即培养人特定思想的教育。由于人的思想产生过程是人在社会实践中的主客观交互过程,人的思想变化发展受制于主客观多方面因素,而在这些影响因素中,人的世界观、人生观和价值观(后简称"三观")处于主观核心地位。"三观"之中,世界观作为人们对世界的总体看法和根本观点,在人的思想发展中具有基础性、统领性作用;人生观是人们在一定世界观基础上形成的对人生的目的、意义、态度、责任、理想等方面的思考,不同的人生观表现出不同的生死观、苦乐观、荣辱观、幸福观、恋爱观,进而表现出不同的人生追求、工作和生活方式、人生道路选择,在人的思想发展中最外显;价值观是人们对事物属性与自身需要之间关系的主观反映,它产生于一定的世界观,影响塑造着人生观,也是影响人类行为的核心思想因素。国防教育从战争与和平的角度补充了人们的世界观和秩序观,从军事—社会的维度补充了人们的安全观与财富观,从个人与国家的层面补充了人们的价值观与人生观,开辟了"三观"教育的新视野、新场景、新途径。其次,国防教育是政治教育的重要内容和有效途径。所谓政治教育,即培育人的特定政治观点、政治觉悟和政治信仰的教育。战争是政治的继续,国防和军事是政治上层建筑中最坚硬的"外壳",国防教育通过血淋淋的战争史话,揭示了政治斗争既有和平年代的暗流涌动、波诡云谲,更有"刺刀见红"的直接冲突与暴力博弈,让受教育者在"特殊"的政治教育素材中形成更为鲜明的政治观点、深刻的政治觉悟和坚定的政治信仰。最后,国防教育是道德教育的重要方式和重要渠道。所谓道德教育,即培育人们一定的道德意识和道德行为的教育。① 国防教育中蕴含着丰富的军事伦理和国防道德的元素,它或以民族英雄故事、战斗故事在民间代代相传,或以矗立在公共场所的挂像、雕塑等为载体向公众传播,也可能出现在某种纪念活动或

---

① 关于思想教育、政治教育和道德教育的概念,这里借鉴了顾明远先生《教育大辞典:增订合编本(上)》对思想教育、政治教育和道德教育的解释。

者宗教活动之中。这些道德与军事伦理教育既是国家战争动员和部队战斗力建设的需要,也是社会道德建设的组成部分。在我国,人民军队作为中国共产党缔造和领导的革命的武装集团,秉承了全心全意为人民服务的宗旨,在革命和建设中艰苦拼搏、勇于奉献,形成了一套特有的优良传统,诞生了无数英雄模范,为国防教育引领社会道德建设提供了鲜活的素材和资料。

2. 智育功能

张念宏编写的《智育百科辞典》将智育解释为"向学生传授系统的科学文化知识、技能和发展学生智力的教育"[①];顾明远主编的《教育大辞典》将智育界定为"使受教育者掌握系统的科学文化知识与技能、发展智力的教育"[②]。不难看出,这些概念界定将智育与"知识""技能""智力"相关联,它既包含了对人类发展积淀的处于相对静态的文明成果(主要是科学文化知识与各种技能)的代际传递诉求,同时也囊括了对人的适应性、发展性这种处于动态变化的心理机能(即智力)培育的期待。国防教育的智育功能,亦相应地主要包括对静态的国防文化知识、国防技能的代际传递,以及对人的适应性、发展性心理机能的培养功能。首先,从科学文化知识和技能传授看,国防教育是国防知识和国防技能代际传递的主渠道。作为人类文明成果重要组成部分的国防知识与国防技能,蕴藏于文学、艺术、工事、建筑、武器装备、军事训练等各种文明与文化形态之中,其传递传播的途径也多种多样,但教育始终是它传递和传播的主渠道。其次,国防知识和技能的传授能够提升一般知识和技能传授的效果与效率。对此,有学者提出,学生学习现代军事科学,有利于为其所学的基础知识和专业知识找到社会实践应用的真实场景,进而有利于调动其学习科学文化知识的求知欲和专业

---

① 张念宏.智育百科辞典[M].北京:中国国际广播出版社,1989:5.

② 顾明远.教育大辞典(第1卷)[M].上海:上海教育出版社,1990:144.

知识的学习效果①；还有学者基于国防知识的先进性、军事斗争的残酷性特点，提出国防教育有利于拓展学生的知识面、改善学生的知识结构②。最后，国防教育有利于对人的智力的培养。智力是什么？目前学界的理解各种各样，智力的定义甚至多达 150 余种③，但人们普遍认为智力是个体在解决问题时的心理适应性特征④。而实践中，人们广泛地认识到国防教育对这种心理适应性的开发和培育作用。例如，我国的集中军训制度有利于培养学生吃苦耐劳的品质，使学生保持精神活力⑤；美国特别注重利用童子军教育扩大个体与环境交往的范围，并以此扩充其心理经验，使其振奋精神，保持积极开朗的心情与生活态度⑥。此外，人们普遍认为智力是一种多元结构的组成⑦，在这种多元结构中，思维的重要性受到广泛关注。而国防教育的思维开发能力在实践中越来越被认可和重视。徐福水、孙浩然认为，国防教育有利于帮助个体打破单一思维定式，拓展思维空间，促进智育的发展⑧；徐建军、汪强提出，军事思维方式本身的科学性与先进性，使得国防教育不仅有利于实践创新意识与实践创新思维的培养训练，而且有利于创新潜能的开发挖掘⑨；此外，大量研究发现，我国国防教育中蕴含着军事谋略思维的开发与培养，形成了对各专业和各行业的迁移效能⑩。

3. 体育功能

体育一般是指发展身体、增强体质、增进健康、传授锻炼身体的知识与

---

① 徐建军,汪强.高等学校国防教育与素质教育关系论[M].北京:人民出版社,2011:216.

② 张振华.拓展国防教育的综合育人功能[J].中国职业技术教育,2008(11):42-43.

③ 林崇德.智力结构与多元智力[J].北京师范大学学报(人文社会科学版),2002(1):5-13.

④ 朱智贤,林崇德.思维发展心理学[M].北京:北京师范大学出版社,1986:17.

⑤ 朱正奎.大学生军训的德育功能分析[J].教育探索,2009(8):134-136.

⑥ 许之屏.运动与儿童心理发展[M].长沙:湖南师范大学出版社,2005:41;吴小玮.美国童子军训练及对我国青少年生存教育的启示[J].外国中小学教育,2015(11):29-33.

⑦ E.西尔格德.西尔格德心理学导论[M].洪光远,译.成都:四川人民出版社,2021:397.

⑧ 徐福水,孙浩然.高校国防教育的功能协调与形式创新[J].煤炭高等教育,2007(4):115-116.

⑨ 徐建军,汪强.高等学校国防教育与素质教育关系论[M].北京:人民出版社,2011:142-147.

⑩ 刘成志.《孙子兵法》与中医学谋略思维形式初探[J].浙江中医杂志,1994(1):2-4;廉志端.孙子权变思维与现代企业经营谋略[J].商业研究,2001(1):33-34.

技能、培养意志品质的教育过程。[①] 由于国防军事活动与身体活动的强相关以及对身体素质、体能要求的高标准，国防教育的体育功能在其育人功能中最直接也最明显，以至于我国近代以来到当下不断有学者提出"体育军事化"[②]或者国防教育与军事教育融合发展[③]的主张。对于国防教育的体育功能，石虎认为，我国学校集中组织的军事技能训练是知识、技能与体能的集合，是一种融知识性、竞技性、趣味性于一体的体育锻炼的有效载体[④]；徐建军、汪强基于对集中军事技能训练特点的研究，认为它属于具有一定负荷强度的有氧训练，能产生有效的机能与体能增强功能，并能促进个体非智力因素（主要包括成就动机、团队意识、意志品质、战斗精神）的锻造与培养[⑤]。值得强调的是，当下国防教育的体育功能被越来越多的质性与量化研究所证实。其中，王向方基于对 60 名大学新生（男女各 30 名）军训前后测实验研究，发现学校军训能有效改善男女学生的身体成分构成，提升学生的身体机能和力量素质[⑥]；吴帅、徐巧基于对吉林体育学院运动康复专业 30 名男学生在军训前后的实验研究，发现学校军训能产生提高学生肌力、增强学生体质、调节身心健康、预防某些疾病的积极功效[⑦]；吴博以 3 所民办学校共 30 名学生为被试进行调查，发现学校军训能有效促进学生意志品质的发展[⑧]；王英、李汉超对 2166 名大一新生进行了调研，发现大学生军训能有效促进大学生自我管理能力的发展[⑨]。

① 李志宏.体育教育理论与实践[M].哈尔滨:哈尔滨地图出版社,2009:1.
② 潘志琛.论我国近代学校体育思想发展演变及其特点[J].天津体育学院学报,1990(1):61-69.
③ 石金亮,任莉英.论高校国防教育与体育文化的和谐共存[J].中国成人教育,2010(4):19-20;王登峰.推进新时代学校体育卫生艺术和国防教育改革创新[J].课程·教材·教法,2018(5):4-10.
④ 石虎.普通高等学校国防教育的功能研究[D].武汉:武汉理工大学,2008:25-33.
⑤ 徐建军,汪强.高等学校国防教育与素质教育关系论[M].北京:人民出版社,2011:245.
⑥ 王向方.军训对大学新生体质影响的实验研究[J].军事体育学报,2014(4):109-112.
⑦ 吴帅,徐巧.军训对运动康复专业男生体质影响的研究:以吉林体育学院 2016 级运动康复专业学生为例[J].文体用品与科技,2018(16):177-178.
⑧ 吴博.国防教育对民办高校大学生意志力的影响[J].价值工程,2012(14):262-263.
⑨ 王英,李汉超.军训对提升大学生自我管理能力的影响[J].科教导刊(下旬),2016(15):164-166.

4. 美育功能

美作为人的本质力量在其社会生活和实践活动对象上的肯定和体现，是主观与客观的统一。美对主体而言既有顺情适性、愉悦身心的享用性的一面，亦有调适心理、塑造性格、启发智慧、涵养德性的教育性的一面。美育，即对受教育者进行知美、爱美、追求美、创造美的教育，使其提高感受、理解和评价美的能力，提升追求、创造美的动力，并在此过程中实现知识增长、觉悟提升、情感陶冶、精神丰富、行为培育等多重教育效能。[①] 国防教育中蕴藏着大量审美元素，具有丰富的审美教育功能：祖国山川河流的俊秀之美，能深化家国体验，自然生发主体爱护家园、守护河山的精神与情怀；革命军人的阳刚之美，能强化美的引领，涵养主体崇军为战、健体尚武的意志品格；武器装备的现代之美，能丰富美的感受，激发主体科技兴军、文化强国的信念追求；革命歌曲的旋律之美，能活化美的记忆，唤起主体的历史回忆与英雄情结；战斗诗词的意境之美，能唤起美的想象，激活主体的战斗精神与革命斗志；战争与压迫的悲剧之美，能让人感同身受，激发人的正义与良善……美的感受、美的体验、美的记忆、美的想象、美的理解、美的趣味，撞击人的心灵、愉悦人的身心、丰富人的体悟、深化人的认识、发展人的智力、提升人的情操、升华人的追求、潜化人的言行，与国防教育的德育、智育、体育相互渗透、相辅相成、相得益彰，增益扩充着国防教育的育人效果。

---

① 杨昌江.美育[M].武汉：武汉大学出版社，1988：1.

第二节　学校国防教育与普通高校大学生国防教育

国防教育的对象是多群体、多类别的,教育的场景及其组织方式也有较大差异。就教育对象而言,根据其军民属性的不同,可分为对军人的国防教育和对普通民众的国防教育;根据其年龄段的差异,可分为对学龄前儿童的国防教育、对青少年群体的国防教育、对青壮年以后成年人的国防教育。而就教育的场景及其组织方式而言,国防教育可分为学校的国防教育、家庭的国防教育、社会的国防教育等。普通高校大学生的国防教育,以在校大学生为教育对象,有别于对军人群体的专业性军事教育,而属于对普通民众的普及型教育范畴;有别于对学龄前儿童和青壮年以后成年人的国防教育,而体现出对青少年教育的特点。就教育的场景与教学组织而言,它又属于学校教育的范畴,反映出学校教育的基本要求和基本规律。

一、学校国防教育:全民国防教育的基础

2020 年 12 月 26 日,第十三届全国人民代表大会常务委员会第二十四次会议通过了新修订的《中华人民共和国国防法》,其中第四十五条进一步重申了对学校国防教育地位作用的规定:"学校的国防教育是全民国防教育的基础。各级各类学校应当设置适当的国防教育课程,或者在有关课

程中增加国防教育的内容。"学校的国防教育之所以成为全民国防教育的基础性工程,是学校教育的独特组织形式及其优势地位、学校教育重要的育人功能与文化功能、国防教育的关键期,以及学生阶段面向未来的发展性特征等综合条件作用的结果。

　　首先,从教育的场域与组织特点看,学校是教育人、培养人的专门场所,具备组织开展国防教育的优势条件(包括健全的师资队伍、完善的教学制度、配套的教学设施、良好的教学环境等),有利于对人的各种素质进行针对性干预与培育,并形成对国民整体国防素质提升的辐射带动作用。其次,从教育的文化功能来看,学校教育具备选择文化、传播文化、创造文化的独特功能,加强学校的国防教育,有利于形成对本国家、本民族先进军事文化的传播、传承、创新与发展,并在此过程中形成对全社会核心价值的引领和对社会风气的培塑。再次,学生时期是进行国防教育的关键期。以脑科学为依据的关键期理论认为,人的发展过程中存在某个阶段——个体在某种能力学习或知识掌握上更为敏感,其间个体能够以更高的效率完成相关学习任务。如心理语言学家埃里克·勒纳伯格(Eric Lenneberg)提出,自然语言的学习只能发生在 2 岁至青春期之间的关键期;吴林龙、胡新峰研究发现,从少年期到青年初期是学生思想政治教育的关键期[1];赵晓勇提出,中小学阶段是人的一生中接受舞蹈教育的最佳年龄阶段[2]。国防教育的研究与实践认为,学生阶段是国防教育的关键期,国防教育宜抓早抓小。[3] 加强学生阶段的国防教育,有利于提高国防教育的效率,产生事半功倍的效果。最后,从人和社会的发展性来看,学校教育主要面向未来的挑战,"十年树木,百年树人",学生是我国社会主义事业的接班人,也是国

---

　　① 吴林龙,胡新峰.论学生思想政治教育对象发展关键期的生成机制[J].思想政治教育研究,2013(1):43-46.

　　② 赵晓勇.论舞蹈教育的关键期[J].北京舞蹈学院学报,2008(4):97-100.

　　③ 张光伟.对加强青少年学生国防教育的几点思考[J].连云港师范高等专科学校学报,2011(1):78-80;刘万军.必须重视抓好青少年的国防教育[J].国防,2005(1):38.

防后备力量建设的主体,学校国防教育的育人价值和社会辐射效应将随着时间的推移逐步显露出来。

二、大学生国防教育:全民国防教育的战略高地

普通高校大学生的国防教育是全民国防教育工作的战略高地。[①] 之所以被称为"战略高地",不仅源于一般学校、学生所共有的普遍特点,还源自普通高校及大学生群体的双重特殊性。首先,相比于一般学校,普通高校一般被认为是创新文化的发源地和先进文化的集散地,其文化地位的高层次性和权威性决定了普通高校开展文化传播时易被社会大众接受和认同,这也直接决定了普通高校在社会风尚引导和价值引领方面具有独特的作用。其次,相比于一般学校,普通高校具有知识密集与人才密集的特征,这种文化创造及人才培养上的优势地位,使其日益成为构建军民融合创新体系和新型军事人才培育体系的重要环节与主要阵地。一方面,推动军民融合深度发展已经成为当下我国构建一体化国家战略体系与战略能力、推动国家治理体系与治理能力现代化、形成"双循环"新发展格局的必然选择。[②] 军民融合的创新体系构建既是军民融合发展的重要目标,又是推动军民融合深度发展的重要动力,普通高校及大学生在其中担负着理论支持、技术支撑和人才保障的重要功能。另一方面,普通高校是依托国民教育培育军事人才的主要参与方,在后国防生时代依托大学生群体为军队和国防科技工业培育高素质新型军事人才和科技创新人才的任务更为紧迫。国防教育的效益和效果直接关系到大学生参与国防和军队建设的"思想关""情感关""素养关",关系到军事人才培育的质量与效益。最后,相比于

---

① 闫忠林,张赟.新时代普通高校国防教育课堂教学存在的问题及对策[J].高教论坛,2019(11):65-68.

② 袁超越.新时代军民融合深度发展的内在需求与实现路径[J].学习与实践,2021(1):63-72.

其他年龄段的学生,普通高校大学生是新时代人民军队义务兵源补充的主体力量。普通高校大学生处于我国兵役法规定的兵役适龄期,自 2001 年国家依据新修订的《征兵工作条例》开始征集大学生入伍,特别是 2008 年以后,随着优先征集政策和其他优待政策的陆续出台,高校大学生报名参军热情高涨。据报道,2009—2019 年,全国累计征集的大学生士兵达 150余万人[①],2020 年普通高校大学生参军报名人数更是突破 120 万人[②]。每年征集的兵员中,大学生比例亦不断攀升。笔者在兵役机构的调研中了解到,2018 年全国征收的兵员中大学生士兵占比高达 76%;有资料显示,2020 年全国大部分省份的这一比例超过 80%,许多地区甚至超过 90%[③]。大学生国防教育的效果,不仅关系到大学生的兵役意愿和动机,进而影响部队高质量兵员的"流入"问题,而且影响大学生群体入伍后的适应、培养、选拔、使用等诸多方面,极大地影响着部队战斗力的有序生成和维持效益。

---

① 李龙伊,贾启龙,安普忠.筑牢强军根基的源头工程:我国全面展开大学生征兵工作十周年综述[N].人民日报,2019-09-23.
② 张和芸,单慧粉.后浪奔涌! 2020 年大学生应征报名远超 120 万[N].解放军报,2020-12-30.
③ 李正新.高校大学生参军入伍的动因和行动逻辑研究[J].青年探索,2021(5):102-112.

第三节　普通高校大学生综合国防素质概念提出的三重逻辑

　　2017 年国务院印发《国家教育事业发展"十三五"规划》，首次提出了"综合国防素质"概念，并明确要把"提高学生综合国防素质"作为全面落实立德树人的根本任务之一。2019 年初，教育部联合中央军委国防动员部下发新修订的《普通高等学校军事课教学大纲》，对作为大学生国防教育主课程的军事课提出了"提高学生综合国防素质"的课程目标。作为大学生国防教育的核心引领性概念，"大学生综合国防素质"有其独特的实践背景与理论内涵，它深刻总结了中华人民共和国成立以来我国普通高校国防教育发展的基本经验，适应了大学生国防教育内涵式发展的新阶段、新要求，指明了大学生国防教育的新方向、新路径，是国家安全观与素质教育理论共创发展的时代结晶，具有独特的理论逻辑、历史逻辑与实践逻辑。

一、理论逻辑：国家安全观与素质教育理论共创发展的理论成果

（一）国家安全观创新发展的根本要求

　　国家安全是国防的根本目标，牵引着国防的威胁判断、对象选择、目标

确立、建设方向和手段使用。国防教育是整个国防建设的重要组成部分，受国防建设总目标、总要求、总布局的约束与指导。国家安全、国防、国防教育三者是总体与局部、前提与适应、统揽与被统揽的关系。国家安全观是对国家安全的主观认识，包括对所处安全环境的评估，对所面临安全威胁的判断，对国家安全利益的认识，对国家安全战略的制定，对国家安全目标的确立，对维护国家安全手段的选择等诸多方面。[①] 国防观，亦是对国家防务现象及问题的主观认识，主要包括国防威胁判断、国防目标确立、国防战略制定、国防手段选择等诸多方面。而国防教育观，同样属于对国防教育现象和问题的观念体系，是主体对国防教育目的、功能、体制、内容、方法、教师和学生等诸方面的基本看法。[②] 作为国家安全、国防以及国防教育客观现实的主观反映，一个国家特定时期内处于主导地位的国家安全观、国防观、国防教育观三者之间也存在总体与局部、前提与适应、指导与被指导的关系。中华人民共和国成立以来，为适应维护国家安全的实践需要，中国共产党的国家安全观先后经历了传统国家安全观、转型国家安全观、总体国家安全观三个阶段。[③] 与此对应，党的国防观经历了人民总动员型国防观、综合国力型国防观、一体化战略能力型国防观三个阶段，党的大学生国防教育观同步经历了军政素质培养型国防教育观、国防素质培养型国防教育观和综合国防素质培养型国防教育观三种类型。三者发展阶段的同步性和理论内涵的匹配性就是总体与局部、前提与适应、指导与被指导关系的集中反映(见图1.2)。

　　中华人民共和国成立后，以毛泽东同志为核心的党的第一代领导集体基于内忧外患的安全环境，认为"战争与革命"是时代的主题。在总结鸦片战争以来中华民族救亡图存的历史经验，特别是中国共产党在新民主主义

---

① 傅勇.非传统安全与中国的新安全观[J].世界经济研究,2004(7):10-14.

② 这里借用了顾明远主编的《教育大辞典:增订合编本(上)》一书对教育观的解释。

③ 钟开斌.中国国家安全观的历史演进与战略选择[J].中国软科学,2018(10):23-30.

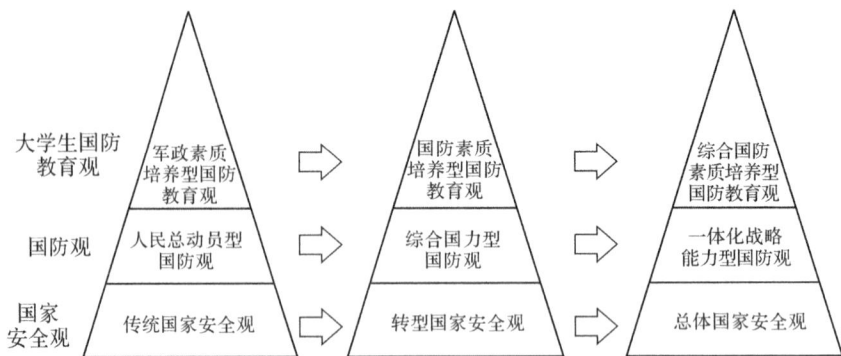

图 1.2 1949 年以来我国国家安全观、国防观、大学生国防教育观的匹配性发展演变

革命时期正反两个方面经验的基础上,党和国家形成并确立了以维护政治安全为核心目标、以军事力量发展为主要手段、经济安全与社会安全相对处于从属位置的传统安全观。作为"人民战争"思想的逻辑延续,这一时期的国防建设与力量运用上表现出"人民总动员型国防"的突出特点:一方面,沿着"枪杆子里出政权""没有一个人民的军队,便没有人民的一切"的国防指导逻辑,强调军事力量在维护国家安全中的作用,突出建立强大的人民军队的重要性与紧迫性,其间不断调整军队规模、完善编制体制,推进现代化陆海空军兵种建设,建立独立自主的国防工业体系,加强武器装备现代化建设,研制发展包括"两弹一星"在内的战略性尖端武器。另一方面,坚持全民办国防,强调各级地方党委特别是党委书记要抓军事;把国防教育作为一项重要的战略任务深入持久地来抓;提出"全民皆兵"的后备力量建设思想,大办民兵师,实行普遍的民兵制度以及民兵与预备役相结合的制度;制定《中华人民共和国宪法》《中华人民共和国兵役法》《征兵工作条例》《民兵工作条例》《动员工作条例》等法律法规,进一步夯实全民国防建设的法律基础。作为国防建设重要环节的普通高校大学生国防教育,与国家安全形势和国防建设需要相适应,强调动员民众直接参战、备战、防止战争的战略功能,故而国防教育内容上突出政治课程、军事技能、军事体能科目训练,以"军政素质培养型"为目标导向。

改革开放以后,随着美苏关系的缓和、中美关系的改善、中国在联合国合法席位得到恢复以及先后与日本、西欧等几十个国家建交,我国国家安全的外部环境大大改善。党的领导集体改变了"战争的危险很迫切"的想法,认为"和平与发展"取代了"战争与革命"成为新的时代主题。与此同时,党和国家的工作重心转移到以经济建设为中心的轨道上。这一时期,国防建设让位于经济建设,将有限的国家资源集中使用于经济发展,以经济建设成果维护国家安全成为国家战略的主导思维和战略选择。随着世界格局向多极化演变、中国融入经济全球化进程的加速,国家面临的主要威胁发生改变,从威胁的方向、性质、烈度、领域来看,外部军事入侵与武装颠覆的可能性降低,且更可能以和平演变、间谍战、军事威慑等低烈度的类战争①威胁形态出现;内部安全问题逐步上升为国家安全的主要威胁,且主要来自经济安全、科技安全、生态安全、恐怖主义威胁等非传统安全领域。基于安全环境与安全威胁的变化,党在维护国家安全实践中形成并确立了以发展谋安全、更关注非传统安全领域、对内更多采用经济手段以及对外倾向于以对话与合作方式维护国家安全的"转型国家安全观"。这一时期的国防观体现了"综合国力型国防"的新思路,即以经济建设为中心,国防和军队建设服从服务于这个中心,待国家综合实力发展到一定阶段再适时用经济建设、科技发展和社会进步的成果反哺国防与军队建设。在这一思路的指导下,军队的职能从战争职能不断向非战争军事行动拓展,在武装力量建设上确立了更适合和平建设和更强调资源节约的武装力量体制与兵役制度,部队裁减员额以便将更多资源用于国家经济建设,探索推进平战结合、军民结合的新路子,逐步构建了军民结合、寓军于民的武器装备科研生产体系、军队人才培养体系、军队保障体系和国防动员体系。这

---

① 这里的"类战争"概念引自赵英《新的国家安全观:战争之外的对抗与抉择》,指的是不同阶级、民族、国家和政治集团,为各自的利益在不同领域采取的烈度低于战争的多种对抗形式。见赵英.新的国家安全观:战争之外的对抗与抉择[M].昆明:云南人民出版社,1992.

一时期普通高校大学生的国防教育进入新的军训试点与普及的新阶段,并从"军政素质培养型"向"国防素质培养型"转变。具体而言,在国防教育的目标体系上,逐步从战争目的、兵役目的向公民素质教育目标回归。如1985年国家教育部、中国人民解放军总参谋部、总政治部颁发的《高等院校军事课教学大纲》,其"总则"部分明确提出了"促进德智体全面发展"的指导思想;2002年、2006年修订的《普通高等学校军事课教学大纲》,均进一步明确了"促进综合素质的提高"的课程目标。在国防教育的组织模式上,从专业性军事训练向普及性国防教育转型,逐步探索形成了以军事课(军事理论课+军事技能课)为主体、以思想政治教育课为配合、以国防军事类讲座以及其他教育活动为补充的新模式。在国防教育的基本要求上,明确提出了"本着宜广不宜深的精神,把教授知识范围放宽一点"的指导思想[①],国防教学内容从"专""精"的军事教育向"宽""浅"的素质教育拓展延伸。此外,对军事理论教学的重视度逐步提升,课时占比亦逐步扩大[②],理论体系和理论内容不断充实完善。

党的十八大以后,中国特色社会主义进入了新时代。我国国家安全的态势继续发生着深刻变化,尽管"和平与发展仍然是时代主题",但和平的实质已经大大超出了生存安全阶段"不发生战争"的范畴[③],而扩展至实现和平状态下多领域安全及可持续发展的新阶段。据此,有学者提出"'安全与发展'更贴合当今时代主题"[④]的命题。与此同时,国家安全的威胁结构也发生了变化。从威胁的方向看,随着中国从求生存、抓发展步入谋复兴的新阶段,国家追求独立自主不甘沦为西方附庸的个性与外部守成大国的围堵遏制形成叠加效应,大国战略竞争时代的到来使得我国的外部安全威

① 朱世杰,等.学校国防教育史[M].北京:军事谊文出版社,2003:117.
② 李科.从教学大纲的演变看普通高校国防教育课程的特点与发展趋势[J].华南理工大学学报(社会科学版),2012(3):105-110.
③ 钟开斌.中国国家安全观的历史演进与战略选择[J].中国软科学,2018(10):23-30.
④ 刘江永.从国际战略视角解读可持续安全真谛[J].国际观察,2014(6):2-3.

胁上升,在万物互联时代与内部威胁快速联动传导,"内外交织型"安全威胁结构逐步取代了"内忧型"威胁结构。从威胁的领域看,随着经济社会科技的发展以及国家利益的拓展,涉及国家安全的领域不断增多。2014年习近平总书记在中央国家安全委员会第一次会议上提出了总体国家安全观,其中涉及了政治安全、国土安全、军事安全、经济安全、文化安全、社会安全、科技安全、信息安全、生态安全、资源安全、核安全等11个重点安全领域[①];2015年出台的《中华人民共和国国家安全法》又增加了人民安全、金融安全、网络安全、粮食安全、外层空间安全、海外利益安全、国际海底区域与极地安全等领域,并提出"根据经济社会发展和国家发展利益的需要,不断完善维护国家安全的任务"[②]。在众多的安全领域中,传统的政治和军事对抗的威胁在上升,非传统安全威胁领域亦不断出现;涉及国家生存安全的威胁演变出新的样式,而社会各领域的可持续发展问题(诸如海外贸易、能源供给、粮食安全、生物科技安全等)不断增多,且可能直接影响、威胁、侵害甚至破坏国家主权、政权、政治制度、政治秩序、意识形态等传统生存性安全问题,国家统筹维护各领域、各类型安全的任务愈发繁重。与安全威胁的变化相适应,维护国家安全的手段也相应地从经济发展为主调整为对内发展、对外合作并行,强调共同安全、综合安全、合作安全、可持续安全。[③]2014年4月,在中央国家安全委员会第一次会议上,习近平总书记强调,"必须坚持总体国家安全观,以人民安全为宗旨,以政治安全为根本,以经济安全为基础,以军事、文化、社会安全为保障,以促进国际安全为依托,走出一条中国特色国家安全道路"[③]。新的国家安全观为国防建设确立了根本指导,国防和军队建设进入"一体化战略能力构建"的新阶段,其核心要点在"一体化"。具体体现在:①强调安全与发展目标的一体化,即

---

① 习近平:坚持总体国家安全观 走中国特色国家安全道路[N].人民日报,2014-04-16.
② 乔晓阳.中华人民共和国国家安全法释义[M].北京:法律出版社,2016:37.
③ 习近平:坚持总体国家安全观 走中国特色国家安全道路[N].人民日报,2014-04-16.

在强调保卫国家主权、统一、领土完整和安全之外,进一步将国家发展利益纳入国防的目的。例如,2019年7月,中华人民共和国国务院新闻办公室发布《新时代的中国国防》,其中明确了国防要维护国家海洋权益,维护国家在太空、电磁、网络空间等领域的安全利益,维护国家海外利益,支持国家可持续发展等国家发展利益。国防目的的一体化,从根本上要求国家把安全能力与发展能力一体化进行建设。②武装力量建设的一体化。按照"军委管总、战区主战、军种主建"的原则重塑军队领导管理和作战指挥体制,按照"军归军、警归警、民归民"的原则推进武警部队改革,实行"中央军委—武警部队—部队"新领导指挥体制,进一步强化了中央军委对武装力量的集中统一领导和战略指挥、战略管理功能。③军民战略力量构建的一体化。通过设置中央全面深化改革领导委员会、中央军民融合发展委员会、中央国家安全委员会等跨军地、跨部门的高层统筹统管机构,把军事力量建设、改革与运用纳入国家战略体系与战略能力建设的一体化之中。此外,将军民融合上升为国家战略,推动军民融合深度发展。④军防与民防的一体化。更加重视国防中的民防、宏防中的微防。党的十九大报告提出,"加强国家安全教育,增强全党全国人民国家安全意识";2018年,教育部印发《关于加强大中小学国家安全教育的实施意见》,要求"把国家安全教育覆盖国民教育各学段,融入教育教学活动各层面,贯穿人才培养全过程";2019年11月,中共中央、国务院印发《新时代爱国主义教育实施纲要》,进一步明确要加强国家安全教育和国防教育。与国家安全观、国防观的发展相适应,对普通高校大学生的国防教育进入"综合国防素质培养"的新阶段。在教育目标上,它强调提升大学生综合国防素质与服务构建"一体化战略能力"的统一①,而"综合国防素质"相较于之前的"国防素质",多

---

① 2019年1月,教育部、中央军委国防动员部联合下发了《普通高等学校军事课教学大纲》,在"课程定位"部分明确提出"为实施军民融合发展战略"服务,在"课程目标"部分明确提出"提高学生综合国防素质"。

出的"综合"二字,本质上更加强调大学生国防素质中安全素质与发展素质的综合、传统安全领域素质(主要表现为军政素质)与非传统安全领域素质的综合、民防素质与军防素质的综合、宏防素质与微防素质的综合;在教育内容及教学要求上,它更加重视国家安全教育内容的充实,并注重在国家安全大视野、大框架下构建军事教学内容的逻辑体系[①]。

综上,"大学生综合国防素质"作为大学生国防教育的核心目标类、评价类概念,在大学生国防教育中处于统领地位,它反映了我国普通高校大学生国防教育观的时代变革,是国家安全指导理论与国防指导理论创新发展的联动结果,是国防教育从属于国防建设内在规律性的集中反映。

(二)素质教育理论巩固深化的时代表达

素质教育是改革开放以来党和国家围绕"为谁培养人、培养什么样的人、怎样培养人"等核心问题,扎根中国教育实践的重要理论创新。它以马克思、恩格斯关于"人的自由全面发展"思想为理论基础,以坚持人的全面发展与社会发展的一致性为根本方法,以人的全面发展(内容全面)、全员发展(对象全面)、自由发展(潜能最大化发展、个性化发展)为教育理想与核心追求,契合了教育的本真,因而经久不衰并且历久弥新;它综合吸收了中外优秀教育传统与理念,并在建构主义理论、终身学习理论、人本主义学习理论、学习型社会理论等学科理论中吸纳营养[②],其理论内涵和实践要求不断丰富和拓展;此外,它立足中国国情,直指功利主义取向下应试教育中的片面化发展以及教育发展的其他不平衡不充分问题,成为当代中国教育发展的战略主题和落实党和国家教育方针的重要战略举措。党的十九大报告进一步明确提出要"发展素质教育",并强调把发展素质教育作为优

---

①　2019年下发的《普通高等学校军事课教学大纲》重塑了军事课的内容体系,在军事理论课部分增加"国家安全"模块,教学内容的整体逻辑按照"国家安全"下的"军事安全与战争问题"进行构设。

②　徐建军,汪强.高等学校国防教育与素质教育关系论[M].北京:人民出版社,2011:66-70.

先发展教育事业的重要部分,这为我国教育理论与实践发展明确了基本的遵循。

在素质教育理论观照国防教育发展的过程中,如何看待和处理素质教育与国防教育之间的关系,是学界关注并探讨的一个理论重点。在理论探索与教育实践中,人们逐渐认识到大学生素质教育与国防教育之间"总体—局部""目的—手段"的内在关系:一方面,大学生国防教育是大学生素质教育的重要内容,大学生教育实践活动包括了思想政治教育、基础理论教育、专业教育等诸多方面,国防教育作为其中的一部分共同致力于大学生综合素质培育的目标。另一方面,国防教育辐射、渗透到大学生教育实践的方方面面,对大学生综合素质的培育产生远大于各方面教育线性之和的积聚放大效应。例如,大学生国防教育与思想政治教育,两者具有统一明确的指导思想、协同一致的育人目标、交叉关联的教育内容、交互共享的教育成果,国防教育拓展了思想政治教育的载体与形式,能有效促进大学生思想政治素质提升;再如,国防教育所依托的军事学学科内容广博,具有鲜明的前沿性(科学技术及其他学科的最新成果往往最先应用到军事领域)与综合性,再加上军事斗争的对抗性、复杂性特点,能有效拓展学生的知识空间、思维品质和创新能力;还如,国防教育体系中的独特教育形式——军训,能有效增强学生的身体素质、磨砺学生的意志品质、培育其团队意识和战斗精神,是增强大学生身心素质的重要途径。

大学生综合国防素质概念的提出,一方面,是对素质教育与国防教育以上关系认识的巩固深化。它强调把国防教育纳入大学生素质教育的整体范畴,更加注重国防教育的综合育人功能和立德树人作用,拓展了大学生素质教育的新路径。另一方面,也是更为重要的一点,它突破了传统的素质教育是目的、国防教育是手段的单向理论认识,这种理论视角往往更加关注国防教育教学活动对人的综合素质——特别是思想政治、思维品质等素质维度——的影响,而往往忽视了国防素质培育的"初心",以至于教学实践上未对军事课等国防教育类课程的自我规定性给予足够关注,进而在教学设计、课程载体、教学评价等方面混同于一般思想政治理论课或其他实践类课程,使得教学中的"军味""战味"脱水而削弱了教育效果。大学生综合国防素质概念的提出,是对国防教育理论与实践问题一定程度上的拨反:它既肯定了国防教育是大学生综合素质教育的重要组成部分、是提升其综合素质的重要路径,又更加强调国防教育的根本目的是培育学生的综合国防素质,学生综合素质的提升必须以其综合国防素质提升为媒介,综合国防素质既是手段更是目标。这一理论发展为大学生国防教育提供了根本的目标指引,同时从素质的规定性、贯通性、综合性角度,为国防教育与其他教育在课程衔接、活动配套、校内外共育等一体化构设上提供了新的思路和方法,在大学生国防教育发展中具有方法论的指导价值。

二、历史逻辑:1949 年以来大学生国防教育的基本经验总结

根据辩证唯物主义的观点,任何事物和现象都处于普遍联系之中。在与教育的众多联系中,两类联系最基本、最重要:一类是教育与国家各方面发展的联系,对大学生国防教育来说主要体现为大学生国防教育同国家安全与发展战略之间的制约和作用关系,我们称之为大学生国防教育的外部关系规律;另一类是教育与人的发展的内部联系,对大学生国防教育来说主要体现为大学生国防教育与人的素质的制约和发展的关系,我们称之为大学生国防教育的内部关系规律。大学生国防教育始终处于两种关系规律的牵引与支配之中。

中华人民共和国成立以来,普通高校大学生国防教育的目标、模式与体制不断调整、完善,人们对大学生国防教育的两种规律及其关系的认识日益深刻。中华人民共和国成立初期,普通高校国防教育在清敌、剿匪等

夺取、巩固新生人民政权的军事行动和抗美援朝、保家卫国的战争动员大背景下逐步建立,形成了以高校思想政治教育体系为依托,以开办涉军类政治理论课与时事讲座、战时政治动员和发动青年学生参军支前等为主要形式的国防教育组织体系与教育教学模式。抗美援朝战争结束后,国家转入大规模经济建设。1955 年 7 月 30 日,第一届全国人大二次会议通过了首部《中华人民共和国兵役法》,其中规定"高等学校的学生,应当在学校内受军事训练,并且准备取得预备役尉官军衔和准备担任尉官职务"。随后,普通高校开展了以培养预备役军官为主要目标的军训试点。从 1957 年 6 月开始,大学生军事训练从预备役阶段转向民兵阶段,普通高校根据毛泽东"全民皆兵""大办民兵师"的号召建立了民兵组织,随后以准军事化的方式进行校园生活的管理,并进行了课程建设、民兵训练、下连当兵等训练形式与内容的探索。① 其间,国防教育取得不少成就,但过重的军事色彩和战斗烙印一定程度上冲击了学校正常的教学生态,产生了一些负面效应。党的十一届三中全会后,国家安全的形势发生了极大转变,国防和军队指导思想实行战略性调整,1984 年新的兵役法出台并确立了民兵与预备役相结合的制度,大学生国防教育进入新的阶段。其间,国家在普通高校进行了新的军训试点,逐步构建了以军事课为主课程的国防教育课程体系。2001 年 4 月 28 日,第九届全国人大第二十一次会议通过了《中华人民共和国国防教育法》,以法律方式确立了学校国防教育的"基础性"地位,强调学校的国防教育是素质教育的重要内容,规定由教育行政部门对其进行计划、组织、指导、监督和考核。同年 5 月,国务院与中央军委转发了教育部联合中国人民解放军总参谋部、总政治部下发的《关于在普通高校和高级中学开展学生军事训练工作的意见》(国发办〔2001〕48 号),文件在第二部分"学生军训工作的规划和要求"要求,从 2001 年起将未开展学生军

---

① 吴温暖.高等学校国防教育[M].厦门:厦门大学出版社,2007:38-46.

训工作的普通高等学校和高级中学列入学生军训规划,统筹安排,逐步开展学生军训工作,暂不具备军事技能训练条件的普通高等学校,要先开设军事理论课程,并积极创造条件在 2005 年前按要求开展学生军训。以此为标志,普通高校国防教育进入规范化、普及化的新阶段。

通观中华人民共和国成立后普通高校国防教育的发展历程,不难发现,大学生国防教育体系在战争与国家安全形势严峻的大背景中逐步建立,在相当长的一段时期内主要追求兵役目的和军事效益,工作领导上亦采用军民双重领导体制,它体现了大学生国防教育的国防属性和国防要求,反映了大学生国防教育的外部关系规律。而在大学生国防教育体系的发展和完善过程中,人们对国防教育的内部规律,也即大学生国防教育从属于教育的规律愈发清晰,教育行政部门的主导职能得以恢复,大学生国防教育的素质教育目的和功能得以回归。

综合国防素质概念的提出,使大学生国防教育的目标实现了从"军政素质"向"国防素养"再向"综合国防素质"的转型升级,其本质是对中华人民共和国成立后国防教育基本经验的总结和深化。即大学生国防教育尽管有从军为战的属性,但它与其他国防动员的组织方式有所区别,它在本质上是通过教育的方式实现的,教育除了关注国家和社会的需要外,其内生性动力仍来自于对学生个体性发展需要的关怀。具体来说,它要求大学生国防教育的目标在服务从军为战的同时,更加重视其立德树人的综合育人功能,确保与普通高校立德树人的教育目标相一致;大学生国防教育的定位要从早期的战前动员、培养预备役军官、训练民兵的专业性军事训练进一步向综合性普及教育转型;大学生国防教育的模式要全面融入普通高校教育的方方面面,提高其与高等教育的匹配度[①],并在这一思路的指导下解决其在学科定位、师资力量、组织机构等方面存在的问题。

---

① 宋逸成.论高等教育发展的国防教育匹配[J].江苏社会科学,2010(S1):26-29.

三、实践逻辑:大学生国防教育内涵式发展的现实要求

以 2001 年颁布的《中华人民共和国国防教育法》和国发办〔2001〕48 号文件为标志,普通高校大学生国防教育普及化发展已 20 余载,其间初步构建了以军事必修课为核心的立体化国防教育形式和内容体系,探索构建了相对合理的国防教育领导管理体系。特别是以 2019 年 9 月教育部、中央军委国防动员部联合下发的《普通高等学校军事课建设标准》为标志,国防教育课程评价体系初步建立,大学生国防教育取得了重要的历史性成就。但在教育教学中仍存在诸多问题。首先,学科发展缓慢。由于普通高校普遍缺乏军事学科创生的土壤,而独立的国防教育学学科迟难建立,学科发展的缓慢使课程知识体系的创新发展、教材的编写、师资队伍的培养、教学方法创新等方面后继乏力,成为制约课程建设质量、影响国防教育在普通高校获取稳固地位的瓶颈性问题。其次,承训师资不足。自 1985 年大学军训试点开展以来,军地双方围绕师资培养进行了诸多探索,并先后采用军队组织集训、开办国防师资班等形式培养专职军事教师。[1] 但大学生国防教育普及化后量大面广的教学任务与专职师资不足的矛盾日益凸显。王晓静对河北省 67 所普通高校的国防教育师资状况进行调查,发现师资短缺、年龄老化、学历不高等问题突出[2];马文璐对辽宁省 6 所普通高校国防教育师资进行调研,发现该省国防教育师资数量总体不足,兼职教师占比高达 33.3%,外聘军事院校教员或本校外专业教师(主要是体育教师、思想政治教育教师和保卫处有军旅经历的教师)以完成教学任务的情

---

[1] 吴温暖.高等学校国防教育[M].厦门:厦门大学出版社,2007:52-53.
[2] 王晓静.河北省普通高校大学生的国防教育研究[D].秦皇岛:燕山大学,2014:15-17.

况较为常见[①];同类的研究亦发现类似问题[②],表明这一情况具有普遍性。最后,课程育人的总体质量欠佳。主要表现为教学内容与模式相对老旧。在教学内容上,理论课教学内容与国际国内形势联系不紧,与学生的专业学习关联不深,与世界军事发展及中国军队建设改革的实践结合不够,军事技能课重视军人养成、射击等传统科目训练,忽视了防护与战备类训练,导致学生兴趣不浓、参与不足。在教学模式上,理论课多采用大班化教学,课堂重理论灌输,缺乏互动交流与研讨,新媒体技术手段应用不多,借助网络接入教学资源的力度不够;技能课理论与实操结合不紧,学生对课程总体满意度不高。以上不足,反映了大学生国防教育从专业性军事教育向大学生普及型素质教育转型发展新阶段中必须解决的矛盾问题。

分析问题产生的原因,有领导重视不够、顶层规划不足、法规制度不健全等众多方面,但教育目标的"碎化"、模糊以及由此带来的教育评价的失效是根本原因。以教学大纲中对军事课教学目标的规定为例,2002年及2006年修订版的《普通高等学校军事课教学大纲》在军事理论、军事技能的掌握,国防观念、国家安全意识、爱国主义、集体主义、组织纪律性的增强,以及综合素质提升等多个方面均提出了培育要求,由于目标较多,且并未厘清各子目标的内涵和相互关系,亦未形成综合性的可量化考评的指标体系,导致培育目标模糊、分散和教育评价难落实。"综合国防素质"概念的提出为解决以上问题提供了契机,对这一概念的深化、细化和量化,不仅有利于构建清晰明确的普通高校大学生国防教育目标体系和科学有效的质量评价指标体系,而且有利于统合各方资源和力量加强国防教育的一体化建设,对解决大学生国防教育既有问题、实现内涵式发展具有重要的现实意义。

---

①　马文璐.新时代大学生国防教育研究[D].沈阳:沈阳农业大学,2020:24-25.
②　孙华刚.提升高校学生军训教育质量的研究[D].杭州:浙江工商大学,2021:18;袁百文.普通高校军事课程实施现状、问题及对策研究[D].重庆:西南大学,2020:33.

第四节　综合国防素质及大学生综合国防
素质的研究现状

综合国防素质是牵引我国学校国防教育理论与实践发展的核心概念，而其首次提出又出自国家正式文件且是重要的国家教育规划类文件，故其一经提出，学界即给予了高度关注并迅速开展了相关研究。当前，关于综合国防素质及大学生综合国防素质的研究涵盖了理论提出的时代背景、价值意蕴、内涵与外延、影响因素、培育路径、与素质教育的关系等诸多方面，取得了不少理论成果。

一、关于综合国防素质提出的时代背景及其价值意蕴

对综合国防素质及大学生综合国防素质提出的时代背景与理论意蕴的探讨，关系到对学校国防教育目标的科学解释，进而关系到学校国防教育的组织开展。由于国外未明确提出"国防素质"或"综合国防素质"的概念，相关研究主要来自国内。国内相关研究主要围绕国家安全形势的发展、国防教育改革等方面展开了探讨，并达成了一定共识。其中，张正明、崔殿宁、高岑考察了国防素质随着国防建设需要而发展的规律，指出国防素质随着时代的发展特别是随着国防建设目标与要求的变化而变化。他们认为，相较于传统国防素质，新形势下的国防素质在意识观念上更加综

合全面、知识内容上更加丰富具体、技术能力上更加专业实用,并逐步向"能打仗、打胜仗"迈进。[①] 不过,更多学者除了探讨国防素质随国防建设需要而演变的规律性外,还关注到其作为教育目标性概念而内蕴的教育时代性指向。其中,闫忠林、问鸿滨认为,"综合国防素质"的提出着眼于新时期中国面临的新形势,立足于"总体国家安全"战略的新布局,服务于"立德树人"之教育根本任务,在内涵上既有对传统核心要素的继承、概括和总结,又有新要求、新使命、新任务下外延的扩展、创新和升华[②];李科梳理了2007—2017 年由中共中央、国务院、中央军委、教育部、中国人民解放军总参谋部、总政治部下发的关于国防教育的目标类文件,发现其经历了"军事素质""国防素质""综合国防素质"的演变历程,基于这一演变的历史逻辑,他认为综合国防素质概念的提出并非术语名称的简单变更,而是国防教育转型升级的本质体现,是深化国防教育改革的内在需求,也是落实立德树人根本任务的必然要求[③]。综上,学者关注到综合国防素质概念的提出,内含了与国防建设、学生发展两个方面的时代联系,不过在理论上尚未具体回答这两个方面联系的具体内容,特别是对其中"综合"的含义及其特征缺乏足够的解读,这直接制约了理论界对综合国防素质内涵与外延的探讨。

二、关于综合国防素质(国防素质)概念的内涵

国外由于并未明确提出"国防素质"或"综合国防素质"的概念,相关概

---

① 张正明,崔殿宁,高岑. 在新时代对培育大学生综合国防素质的思考[J]. 国防科技,2018(5):53-56.

② 闫忠林,问鸿滨. 建构新时期普通高校国防教育模式的路径研究:以"提升学生综合国防素质"为导向[J]. 社科纵横,2018(10):114-117.

③ 李科."综合国防素质"概念提出的理论逻辑和现实意义[J]. 天津大学学报(社会科学版),2019(6):537-542.

念内涵的研究主要散见于高等教育、军事教育领域。其中,西点军校对学员的培养明确提出了"具备强烈道德感、宽广知识面、高超业务能力和适应作战指挥的良好身体素质"的目标要求。[①] 美军编制的选拔陆军军官胜任力测验聚焦于管理、沟通、作战等6个维度。[②] 美国国防大学编著的《军官职业军事教育政策》提出,联合指挥和参谋军官应该表现出适应力、创造力、准确的判断力、超前的思维能力以及多元文化的理解能力。[③] 国内对国防素质或综合国防素质有明确的表述。其中,罗洪俊把国防素质限定于军事领域,认为是主体军事思想、军事技能和军事体能修养的一种状态[④];徐旭敏尽管把国防素质解释为国防意识、国防知识和国防技能的辩证统一体,但通观其理论观点,他仍然把"国防"问题等同于"军事"问题[⑤];闫忠林和问鸿滨则观察到国防活动的军民两重性,他们从"大国防"的角度界定综合国防素质的概念,认为综合国防素质是主体完成国防活动所必需的综合素养和能力,主要包括国家意识、国防观念、国防技能和国防行为等[⑥];张正明等人强调素质各内部要素的综合,指出综合国防素质是为实现新时代强军目标服务的思想、知识和能力等,主要包括综合国防意识、综合国防知识、综合国防技能等[⑦];李科进一步提出,综合国防素质的"综合",既包含了国防认知、国防情感等内部要素的综合,又涵盖了传统安全与非传统安

① 邹宗全.美国西点军校学员领导能力培养体制[M].北京:解放军出版社,2003:2.

② Bartone P T,et al. Psychosocial development and leader performance of miliary officer cadets [J]. Leadership Quarterly,2007,18(5):490-504.

③ National Defense University. Officer Profession Military Education Policy[R]. Washington: US Government Printing Office,2005:375-378.

④ 罗洪俊.普通高校大学生国防素质的培养[D].长沙:中南大学,2007:6.

⑤ 徐旭敏.高校大学生国防素质培养的思考[D].长沙:中南大学,2010:9-25.

⑥ 闫忠林,问鸿滨.建构新时期普通高校国防教育模式的路径研究:以"提升学生综合国防素质"为导向[J].社科纵横,2018(10):114-117.

⑦ 张正明,崔殿宁,高岑.在新时代对培育大学生综合国防素质的思考[J].国防科技,2018(5):53-56.

全两个领域的综合①。以上对综合国防素质内涵特点的揭示跨越了"军民综合""要素综合""领域综合"三个阶段,反映了研究的逐步深入,但相关研究对综合国防素质中各维度的划分出现了以偏概全和模糊交叉的问题。例如,相关研究对综合国防素质的内部结构维度界定同时出现了"意识""知识""观念"等维度,这些维度边界模糊且相互交叉;不少研究对国防意识的关注亦仅仅停留在价值观层面;等等。对综合国防素质的内部结构维度,特别是对普通高校大学生综合国防素质的内部维度结构及其特点尚需进一步厘清。

三、关于综合国防素质培养的影响因素

国外相关研究主要聚焦于军事高等教育的对象,且大多采用实证研究的方法。其中,Bartone 等研究发现,军校学员心理社会发展程度对学员的领导绩效具有显著的正向影响②;Hǎhǎianua 等通过案例研究发现,人的社会情况可以通过后天培养加以增强,且其对于军校学员专业技能强化等具有积极的影响③。国内目前对此问题展开系统探讨的研究不多,其中陈敏等以 20 名大学生为研究对象,应用粗糙集理论分析了影响国防素质培养的相关因素,发现大学生的军事理论知识储备及国防教育重视程度对其国防素质发展的支持度较高,而大学生的外围环境对其国防素质发展的支持度较低④;赵跃强等以国防生为研究对象,采用问卷调查和结构方程模型

① 李科."综合国防素质"概念提出的理论逻辑和现实意义[J].天津大学学报(社会科学版),2019(6):537-542.

② Bartone P T,et al. Psychosocial development and leader performance of miliary officer cadets[J]. Leadership Quarterly,2007,18(5):490-504.

③ Hǎhǎianua F,Manasiab L. Socio-emotional intelligence for successful higher military education. A case study approach[J]. Social and Behavioral Sciences,2014,142:389-395.

④ 陈敏,嵇伟明.大学生国防素质影响因素的进一步分析[J].商丘师范学院学报,2012(3):38-41.

分析的方法探讨了影响国防生综合素质培养的因素,结果表明,军政训练对国防生思想政治素质、军事专业素质、身体心理素质有正面影响,学习能力对国防生科学文化素质有正面影响,自我激励对国防生军政训练有正面影响,环境条件对国防生军政训练和学习能力有正面影响①。这些研究对影响大学生综合国防素质的因素进行了积极探索,但其在研究对象上主要聚焦于军校生或国防生,理论模型和相关结论是否适合普通高校大学生尚不清楚;此外,针对普通大学生的量化研究,其测评的依据主要是大纲指导下的理论考试方式,测评指标的全面性和科学性有待商榷。

四、关于大学生综合国防素质的培育路径

美国是国外培养大学生国防素质较具特色的国家之一,主要依托后备军官训练团培养军事人才和国防后备力量,其教育理念中强调各学科的交叉和融合。如 Crow 等指出,美国的普通高校国防教育渗透于各种教育中而不是局限于军事课程和军训,强调的是学科之间的融会贯通,从而形成完备的学科体系②;Dew 指出,美国的普通高校国防教育更侧重与自然社会科学的有机结合③。国内学者结合我国国情在国防素质培育上提出了一些理论观点。如田玲、周园针对开展国防教育的内容和方法,提出培育大学生综合国防素质要发挥军事训练的直接教育功能、课堂教学的授课解惑功能、隐性教育的潜移默化功能、国防体育的品质锻造功能,并积极探索创新教育手段④;罗洪俊从硬件设施配置、政策法规健全、师资队伍建设和

---

① 赵跃强,陈卫东,吴雷.国防生培养综合素质影响因素分析[J].海南大学学报(人文社会科学版),2011(6):140-146.

② Crow M M, Silver M. American education systems in a global context[J]. Technology in Society,2008,30(3-4):279-291.

③ Dew J R. The future of American higher education[J]. World Future Review:A Journal of Strategic Foresight,2012,4(4):7-13.

④ 田玲,周园.高校国防素质教育手段探析[J].科技资讯,2006(33):100-101.

学术氛围营造的角度提出了一些政策建议[①];闫忠林等从实施国防教育的不同主体出发,建议教育行政主管部门要对普通高校育人目标进行再解读,高等院校要狠抓国防教育相关制度落实,教学组织实施部门和教师要大力推进教育模式、内容、方法的改革[②];隆意在实证研究的基础上提出了一些针对性的意见[③]。总体来看,经验总结类研究较多,缺乏实证类数据支撑;而少量的实证研究往往只围绕综合国防素质的单个方面进行探讨,缺乏综合性、系统性。

五、关于大学生综合国防素质(国防素质)培育与素质教育的关系

相关的文献主要集中在国内学者的研究中。如:鲁高奇等着重分析了国防教育对素质教育的积极作用,认为高校国防教育有利于提高大学生综合素质、促进个人学习成才和大学生就业创业能力的形成[④];廖济忠等分析了国防知识的价值特性、国防技能的融合特性和国防精神的动力特性对大学生综合素质培育的影响,认为国防知识的价值特性是大学生价值体系构成的重要来源,国防技能的融合特性有助于大学生做到军民结合、平战相连、心智技体、协调发展,国防精神的动力特性决定了大学生的成长高度及其社会示范意义[⑤];孙贺着重挖掘了两者的辩证互动联系,提出高校国防教育有利于大学生思想政治教育、知识教育和身心教育,是实现素质教

---

①　罗洪俊.普通高校大学生国防素质的培养[D].长沙:中南大学,2007:22-30.

②　闫忠林,张赟.新时代普通高校国防教育课堂教学存在的问题及对策[J].高教论坛,2019(11):65-68.

③　隆意.大学生国防意识研究[D].苏州:苏州大学,2004:31-32.

④　鲁高奇,刘世江.浅析高校国防教育对提高大学生综合素质的独特作用[J].科技致富向导,2011(7):56-57.

⑤　廖济忠,胡代松.论国防教育的系统性与大学生综合素质培养[J].高等教育研究学报,2008(1):33-35.

育的重要途径,同时,素质教育是开展高校国防教育的理论支撑,两者相辅相成①。上述研究辩证分析了国防教育与素质教育的内部联系,但重点论证了国防教育对素质教育的功能作用,而深入探讨素质教育对国防教育作用及在素质教育理论指导下加强国防教育一体化构建的具体研究还较为缺乏。

总体来看,国内外相关研究多从素质教育理论出发,探讨了综合国防素质(国防素质)的背景、内涵、要素、特征、影响要素和培育路径,在研究内容、思路、框架和方法上开辟出一块理论矿床,但仍有较大的理论缺口需进一步挖掘和开采:一方面,综合国防素质的相关概念存在维度相互交织、理解不尽全面的问题,需在进一步厘清其内部要素及矛盾运动规律的基础上构建综合国防素质的理论模型;另一方面,对综合国防素质的量化研究较少,缺乏专门测量大学生综合国防素质的诊断性工具和量化研究基础上的政策建议。基于此,本研究在进一步探索综合国防素质内涵的基础上,构建当代大学生综合国防素质的理论模型;在此基础上开发大学生综合国防素质量表,开展测量研究,基于测量的实证结果,考察当代大学生综合国防素质的特点和影响因素,并提出相关的政策建议;同时,针对大学生军事理论课的教学现实和矛盾问题,探索新的教学模式,并考察这种模式在大学生综合国防素质培育方面的效果。

---

① 孙贺.高校国防教育与素质教育相互关系研究[J].管理观察,2015(3):124-125.

第二章　普通高校大学生综合国防素质的理论模型及其实践启示

第一节 研究方法与研究设计

一、研究方法

本研究采用扎根理论(grounded theory)的方法进行理论构建。扎根理论最早由美国学者格拉斯(Barney Glaser)和施特劳斯(Anselm Strauss)于1967年提出。[①] 作为一种研究路径,它有独特的理论基础、理论定位、技术程序、基本要求和特色优势,是社会科学研究界广泛使用且最具影响力的质性研究方法之一。

(一)扎根理论的本质及其编码程式

尽管扎根理论冠以"理论"之名,但它是质性研究方法中的一种研究路径而非一种实体理论。[②] 它主张基于研究的目的及相关研究现象搜集分析经验资料,并通过系统的资料搜集和分析程序生成、发展并检验理论,被发现的理论往往称为"扎根理论"。[③] 扎根理论以符号互动论和实用主义

---

① Glaser B,Strauss A. The Discovery of Grounded Theory:Strategies for Qualitative Research [M]. Chicago:Aldine Publishing Company,1967:1-2.

② 陈向明.扎根理论在中国教育研究中的运用探索[J].北京大学教育评论,2015(1):2-15.

③ Glaser B,Strauss A. The Discovery of Grounded Theory:Strategies for Qualitative Research [M]. Chicago:Aldine Publishing Company,1967:3-6.

作为其理论基础,强调通过不断比较的方法从经验数据中获取概念类属,并"自下而上"地进行逻辑串联而形成理论。在扎根理论的研究过程中,它要求研究者"悬置"已有的理论或成见,借助经验资料进行编码分析,进而形成和发展理论。

编码是搜集数据、分析数据进而生成理论这一流程的关键环节。[①] 由于研究旨趣的差异,作为扎根理论创始者的格拉斯和施特劳斯对编码程式的理解并不一致。其中,格拉斯更关注发展形式理论,并强调理论表述的简洁性与应用的广泛性[②],故而主张采用开放式编码和选择式编码的二级编码;施特劳斯则认为诠释资料本身才是研究的主要目标,主张采用更为细致的三级编码,即开放式编码、主轴式编码和选择式编码。开放式编码是对质性资料打散、比较、概念化与类属化的过程,这一过程中要求研究者持开放的理论态度并保持足够的理论敏感性;主轴式编码是在开放式编码的基础上形成类属(包括类属的属性及其维度),形成并检视类属间的关系;选择式编码即在所有类属中选择核心类属和支援类属,并通过整合图示(integrating scheme)或故事线(story line)以统合所有的理论要素(包括类属、属性、研究假设等)。其中核心类属需满足的主要条件为:①在资料中频繁出现;②容易与其他类属发生联系;③是能够整合其他类属的核心概念;④具有发展为扎根理论的潜能。[③] 研究者基于这一程式穿梭于质性资料与理论之间,直至理论饱和。

(二)扎根理论的特色与优势

作为质性研究的一种独特路径,扎根理论在经验资料与理论之间架起

① 凯西·卡麦兹.建构扎根理论:质性研究实践指南[M].边国英,译.重庆:重庆大学出版社,2009:59.
② Glaser B. Theoretical Sensitivity[M]. Mill Valley:The Sociology Press,1978:142-157.
③ 陈向明.扎根理论在中国教育研究中的运用探索[J].北京大学教育评论,2015(1):2-15.

了桥梁。从理论发展的思维方式看,它穿梭于质性实证资料与理论之间,既弥补了东方综合性思维重直觉、重顿悟而疏于逻辑分析、程式分析、实证分析的缺陷,亦纠正了量化实证研究主要用于检验理论假设而对理论的发展性不足的弊端,具有综合性、分析性、程式性、实证性、发展性等多重属性;从理论发展的阶段性与情境性看,扎根理论特别适合在具体的文化社会情境中创生和发展新理论,包括在理论研究的问题还没有产生、形成成熟的变量范畴、结构维度与理论假设之时,且在理论的创生中避免了可能被既有"宏大理论"垄断或殖民的情况,故而具有"本土化"和"生成理论"的特征优势[①];从理论指导实践、改进实践的作用看,由于扎根理论创生的理论多属于中层理论,它与经验资料之间存在联系紧密的"短距"特征,因此更容易与现实的经验相结合,故而有利于直接指导和改进实践,具有"直观指导与改进实践"的特征优势。

　　综上,扎根理论适合在本土化的情境中生成和发展理论,且具有综合性、分析性、程式性、实证性、发展性、直观指导性等多重特点和优势。本章的研究目的是厘清大学生综合国防素质的结构维度,为下一步编制大学生综合国防素质量表,进而开展后续量化实证研究奠定基础。

二、研究设计

(一)抽样方法

本研究采用理论抽样的方法,即抽取能够为研究提供最大信息量的研

---

① 杨帆,陈向明.论我国教育质性研究的本土发展及理论自觉[J].南京社会科学,2019(5):142-149.

究对象。[①] 首先,与1名军事院校专家、1名部队旅团主官、1名高校国防教育教师、2名在读普通大学生共5人进行半结构化访谈,整理出有价值的信息,为后续正式访谈做好准备。其次,以满足理论饱和为准则,确定了部分军事院校专家、部队师旅级领导、部队基层分队主官、普通高校国防教育教师、军民融合企事业单位新就业大学生、普通高校在读大学生共50个样本。最后,预留部分样本资料进行分析,进一步检验理论饱和度。

(二)数据收集

为确保样本的代表性和有效性,本研究共选取5名军事院校专家[在国防教育领域均有较为深入的研究,均发表过5篇(部)以上国防教育类论文或专著,其中军事思想与军事历史专业3人、军事心理学专业1人、军事体育专业1人]、3名旅团级部队领导(2名军事领导、1名政工领导)、4名基层分队主官(从事主官岗位均2年以上,2名军事主官、2名政工主官)、17名高校国防教育教师(均从事国防教育教学工作3年以上)、5名军民融合企事业单位新就业大学生(皆为就业2年以内的普通高校毕业大学生)和32名普通高校在读大学生(分属文史和理工不同专业),共计66名受访者。受访者年龄为19—58岁,其中,男性51名,占77.3%,女性15名,占22.7%。访谈样本具体信息如表2.1所示。

表 2.1　受访者基本情况

编号	性别	单位	职级/职称	年龄	学历	专业	访谈方式
1A	男	国防大学	教授	53	研究生(博士)	军事思想	XC
2A	男	国防大学	副教授	58	研究生(博士)	军事心理学	XC
3A	男	陆军步兵学院	教授	56	研究生(博士)	军事历史	XC及WL

---

① Patton M Q. Qualitative Evaluation and Research Methods[M]. Newbury Park: Sage Publications,1990:169.

续表

编号	性别	单位	职级/职称	年龄	学历	专业	访谈方式
4A	女	武警士官学院	副教授	33	研究生（博士）	军事思想	XC及WL
5A	男	国防大学	副教授	42	研究生（博士）	军事体育	XC
6B	男	73096部队	正团	47	研究生（硕士）	防空兵指挥	XC
7B	男	73071部队	副团	38	本科	炮兵指挥	XC
8B	男	73071部队	副团	37	研究生（硕士）	坦克指挥	XC
9C	男	73132部队	正连	29	本科	步兵指挥	XC及WL
10C	女	73096部队	正连	31	研究生（硕士）	通信指挥	XC及WL
11C	男	73071部队	正营	33	本科	步兵指挥	XC及WL
12C	男	73071部队	正营	35	本科	步兵指挥	XC及WL
13D	女	江苏大学	讲师	31	研究生（硕士）	国防教育	XC及WL
14D	男	南京信息职业技术学院	讲师	36	研究生（硕士）	国防教育	XC及WL
15D	男	哈尔滨理工大学	副教授	45	研究生（硕士）	国防教育	WL
16D	男	厦门城市学院	讲师	52	研究生（硕士）	国防教育	WL
17D	男	太原理工大学	讲师	41	研究生（硕士）	国防教育	WL
18D	男	南京农业大学	副教授	36	研究生（博士）	国防教育（教育学）	XC及WL
19D	男	中央财经大学	讲师	33	研究生（博士）	国防教育（教育学）	XC及WL
20D	男	河北经贸大学	副教授	43	研究生（博士）	国防教育（教育学）	WL
21D	女	江西经济管理干部学院	讲师	29	研究生（硕士）	国家安全教育	WL
22D	女	浙江大学	讲师	47	研究生（硕士）	国防教育（教育学）	XC
23D	男	浙江大学	讲师	56	研究生（硕士）	国防教育（通信工程）	XC
24D	男	浙江大学	副教授	58	研究生（硕士）	国防教育（管理学）	XC
25D	男	中北大学	副教授	36	研究生（博士）	国防教育（政治学）	XC及WL
26D	女	苏州大学	副教授	37	研究生（博士）	国防教育（政治学）	WL
27D	女	吉首大学	副教授	43	研究生（硕士）	国防教育（教育学）	WL
28D	男	南京大学	副教授	56	研究生（博士）	国防教育（战略学）	XC及WL

续表

编号	性别	单位	职级/职称	年龄	学历	专业	访谈方式
29D	男	上海交通大学	教授	42	研究生（硕士）	国防教育	XC 及 WL
30E	男	浙大大学	学生	26	本科	微电子学与固体电子学	XC 及 WL
31E	男	浙大大学	学生	19	本科	光电信息科学与工程	XC 及 WL
32E	女	浙大大学	学生	21	本科	光电信息科学与工程	XC
33E	男	浙大大学	学生	22	本科	海洋工程与技术	XC 及 WL
34E	男	浙大大学	学生	22	本科	海洋工程与技术	XC 及 WL
35F	女	杭州师范大学	学生	20	本科（在读）	应用心理学	XC 及 WL
36F	女	杭州师范大学	学生	21	本科（在读）	应用心理学	XC 及 WL
37F	女	杭州师范大学	学生	19	本科（在读）	小学教育	XC
38F	男	杭州师范大学	学生	19	本科（在读）	学前教育	XC
39F	男	浙江育英职业技术学院	学生	20	专升本（在读）	计算机应用技术	XC 及 WL
40F	男	浙江育英职业技术学院	学生	20	专升本（在读）	计算机应用技术	XC 及 WL
40F	男	南京大学	学生	20	本科（在读）	法学	XC
42F	男	南京大学	学生	21	本科（在读）	金融工程	XC 及 WL
43F	男	南京大学	学生	21	本科（在读）	口腔医学	XC 及 WL
44F	男	中央财经大学	学生	22	本科（在读）	国民经济管理	WL
45F	男	中央财经大学	学生	20	本科（在读）	国民经济管理	WL
46F	男	中央财经大学	学生	20	本科（在读）	人力资源管理	XC 及 WL
47F	男	北京科技大学	学生	22	本科（在读）	应用物理学	XC 及 WL
48F	男	北京科技大学	学生	22	本科（在读）	生物技术	XC 及 WL
49F	男	江苏大学	学生	23	本科（在读）	临床医学	XC 及 WL
50F	男	江苏大学	学生	21	本科（在读）	临床医学	XC 及 WL
51F	女	首都师范大学	学生	23	本科（在读）	汉语言文学	XC 及 WL
52F	女	首都师范大学	学生	20	本科（在读）	汉语言文学	WL
53F	女	首都师范大学	学生	21	本科（在读）	汉语言文学	WL
54F	男	南开大学	学生	21	本科（在读）	口腔医学	WL

编号	性别	单位	职级/职称	年龄	学历	专业	访谈方式
55F	男	南开大学	学生	21	本科(在读)	口腔医学	WL
56F	男	中国民航大学	学生	22	本科(在读)	飞行技术	WL
57F	男	中国民航大学	学生	20	本科(在读)	飞行技术	WL
58F	男	中国民航大学	学生	21	本科(在读)	飞行技术	WL
59F	女	华东师范大学	学生	21	本科(在读)	英语	WL
60F	男	华东师范大学	学生	21	本科(在读)	英语	WL
61F	男	华东师范大学	学生	23	本科(在读)	英语	WL
62F	男	南京理工大学	学生	22	本科(在读)	公共事业管理	XC
63F	男	南京理工大学	学生	21	本科(在读)	公共事业管理	XC 及 WL
64F	男	南京理工大学	学生	21	本科(在读)	公共事业管理	XC 及 WL
65F	男	皖南医学院	学生	20	本科(在读)	临床医学	WL
66F	男	皖南医学院	学生	20	本科(在读)	临床医学	WL

注:编号＊A表示军事院校专家,＊B表示部队师团级领导,＊C表示部队基层主官,＊D表示高校国防教育教师,＊E表示军民融合单位新就业大学生,＊F表示普通高校在读大学生;＊表示编号次序;访谈方式XC表示现场访谈,WL表示网络访谈。

访谈提纲的主要内容为:①你认为当代普通高校大学生应具备怎样的综合国防素质;②你认为综合国防素质中的"综合",具体指哪些方面的综合;③你认为自己哪方面的国防素质较好(或者"你认为当代大学生哪方面的国防素质较好");④你认为自己哪方面的国防素质较为欠缺(或者"你认为当代大学生哪方面的国防素质还较为欠缺");⑤你认为普通高校在培养综合国防素质上还需要加强哪方面的工作;⑥你认为社会在培养综合国防素质上还需要加强哪些工作。访谈围绕当代大学综合国防素质的维度结构这一核心问题展开,并根据访谈对象、访谈情境、受访者回答的不同而灵活调整。访谈资料收集整理共历时约6个月,访谈资料整理成文字共8万余字,从中抽取50名受访者的文本资料进行分析,预留16名(军事院校专家1名、部队旅团职领导1名、基层分队主官1名、高校国防教育教师2

名、军民融合企事业单位新就业大学生 1 名、在校大学生 10 名）用于检验理论饱和度。研究按照开放式编码、主轴式编码、选择式编码的三个步骤进行，并多次征求专家意见，以保证研究的信度和效度。

第二节　普通高校大学生综合国防素质理论模型的质性建构

一、普通高校大学生综合国防素质的理论模型建构

(一)开放式编码

开放式编码指重新整理分析原始资料,对文本中的语句进行逐句检查、分解,赋予资料中的事件或行动相应的标签。[①] 也即通过对原始资料贴标签、赋予概念、提取范畴的流程来分析定义现象、界定概念进而发现范畴。开放式编码必须最大限度地贴合原始资料、符合原始数据话语本意。本研究参照靳代平等人的做法,采用双盲方式对收集到的 891 条原始语句分别进行编码[②],通过最大可能性原则(相同内容保留一个初级代码)形成 155 个初级代码,并进一步按照意思相同或相近原则(意思相同或相近则合并保留一个代码)将这些初级代码整理、归类为 87 条。其中,两位编码

[①] 李燕萍,陈武,陈建安.创客导向型平台组织的生态网络要素及能力生成研究[J].经济管理,2017(6):101-115.

[②] 靳代平,王新新,姚鹏.品牌粉丝因何而狂热?——基于内部人视角的扎根研究[J].管理世界,2016(9):102-119.

者编码一致的代码数为 72 条,因此,一致性检验结果为 82.76%(72/87),达到 80% 的可接受水平[1]。对 72 条代码进一步总结提炼,并剔除个别前后矛盾的部分,从而形成 65 个初始概念,再次提炼整合后,最终提取出 43 个范畴(见表 2.2)。

表 2.2　普通高校大学生综合国防素质结构维度开放式编码示例

原始资料语句	定义现象	概念化	范畴化
身体是革命的本钱,健康是国防服务的基础,肢体健全,没有疾病是最起码的条件	需要肢体健康、没有疾病的基本生理要求	肢体健全,没有疾病	生理健康
我们和美国有一个区别,美国的军营是开放的,我们是哨兵把守,进不去,我们对军营生活没有直观的认识,对军营生活、军队感知是缺乏的	需加强军营生活直观感知	加强军营生活感知	军营生活感知
培育正确的战争观和方法论是我们军事理论教学的重点,所以让大学生掌握一些战争理论特别是现代战争理论非常必要,让他们夯实马克思主义的战争观,了解现代战争制胜原理,从而树立敢打必胜的信心	大学生国防素质培育要加强战争理论特别是现代战争理论的教学	加强现代战争理论教学	现代战争理论
我身边有一些同学,他们对军人职业好像有一种与生俱来的兴趣,所以他们很希望去了解军人和军事,而最后往往参军入伍了,我想这应该就是国防教育需要培养的吧,毕竟国防教育要为后备兵员服务的	国防教育需要培养大学生的军人职业兴趣	培养大学生军人职业兴趣	军人职业兴趣
上周学校武装部组织我们去笕桥机场参观战斗机,我觉得特别好,我第一次爬上战机,感受到国家强大,很激动自豪,我们要多开展这种活动	需要培养大学生的国防自豪感	培养大学生的国防自豪感	国防正向性情感——自豪振奋

---

[1]　Huberman A M, et al. Qualitative Data Analysis: A Expended Sourcebook[M]. Thousand Oaks: Sage Publications, 1994: 64.

原始资料语句	定义现象	概念化	范畴化
现在的大学生身体素质普遍不错,现在的大学生身体素质已经不是关系国防素质高低的主要因素了,相反,我担心的是内心的强健,特别是要有一种尚武精神	国防教育需强化大学生尚武精神	培育大学生尚武精神	尚武精神
现在国防教育被我们吐槽最多的就是军训,集中训练几天,很老套,没什么意思,对我们的养成的意义也不是很明显,我觉得最好能像军理课那样一学期开展可能效果好点	国防教育需提高军事行为养成训练的效果	提高军事行为养成训练的效果	军事行为养成

注:由于篇幅过大,此表仅列出部分内容。

(二)主轴式编码与选择式编码

通过主轴编码,对不同概念相互关系、层次结构、逻辑次序等进行归类,共获得 10 个主范畴,分别是:健康状况、体能素质、国防感知、国防理论、国防兴趣、国防情感、国防核心观念、国防效能、特定国防行为表现和宽泛国防行为表现。在系统分析前两个编码的基础上,进一步整合归纳为四个核心类属,即大学生综合国防素质包括"身心基础""国防认知""国防倾向""国防行为"四大维度(见表 2.3)。

表 2.3　普通高校大学生综合国防素质的三级编码结构

核心编码	主轴编码	开放式编码
身心基础	健康状况	生理健康;心理健康;社会意义健康
	体能素质	速度;反应;爆发力;灵敏性;平衡性;协调性
国防认知	国防感性认识——国防感知	国防安全感知;国防政策感知;国防社会环境感知;军人职业感知;军营生活感知;武器装备感知;国防设施建设感知
	国防理性认识——国防理论	中国国防理论;国家安全理论;中外军事思想;现代战争理论;信息化装备理论

续表

核心编码	主轴编码	开放式编码
国防倾向	国防兴趣	军事理论兴趣;军人职业兴趣;军事科技装备兴趣
	国防情感	正向性情感——自豪振奋;负向性情感——挫败抵触;不作为情感——漠不关心
	国防核心观念	爱国主义;尚武精神;忧患意识;安全观念;革命英雄主义;集体主义与纪律观念;艰苦奋斗精神;积极防御观念;军民融合观念
	国防效能	个人效能;国家效能
国防行为	国防技能(特定国防行为表现)	条令训练与队列养成;射击与战术;防卫技能与战时防护;战备
	宽泛国防行为	国家安全关注;军事关注;外交关注
		履行安全保密、兵役、舆论支持、政策宣讲、基础设施保护等义务

(三)理论饱和度检验

本研究采用两阶段编码的方法考察理论的饱和度。第一阶段对50人的访谈资料采用打乱顺序、随机编号的方式编码,从47人开始至50人,编码已不再出现新的概念和范畴;第二阶段编码16人,结果显示,未在前文基础上形成新的概念和范畴,这表明研究建构的模型具有理论上的饱和度。

二、普通高校大学生综合国防素质的理论模型阐释

(一)普通高校大学生综合国防素质的维度结构

通过以上编码,结合前人研究成果,本研究提炼出包括身心基础、国防

认知、国防倾向、国防行为 4 个层面共 10 个维度的普通高校大学生综合国防素质的理论模型。但上述理论模型中各范畴的概念如何界定,具体内涵如何、相互关系怎样,回答这些问题需要对理论模型做进一步的解读。

1. 基础层:身心基础

身心基础是指主体从事国防活动所需要的身体形态、生理心理功能水平、运动力水平及对外部环境适应能力的总和,它是大学生从事国防活动的身心遗传基础。根据主体的国防活动特点,普通高校大学生身心基础主要包括健康状况和体能素质两个维度。健康状况是大学生从事以军事活动为主的国防活动的健康基础,包括生理健康、心理健康和社会意义健康三个方面。生理健康是指躯体器官、组织和细胞的健康;心理健康是指精神和智力的正常;社会意义健康是指拥有良好的人际交往与社会适应能力。[①] 体能素质是大学生从事国防活动中表现的身体运动能力,是主体最大限度调动运动器官组织,克服疲劳和阻力完成体能运动项目的身体机能,体现为国防活动中走、跑、跳、投等方面的能力,包括速度、反应、爆发力、灵敏性、平衡性、协调性等素质。

2. 认知层:国防认知

国防认知是主体了解和认识国防现象的过程。根据主体对国防现象的认知深度层次,包括对国防现象的感性认识和理性认识两个方面。国防感性认识即国防感知是国防现象直接作用于主体的感觉器官而在头脑中产生的局部和整体反映。由于军事系统的相对封闭性,主体国防感知的内容远离"普通市民的生活",大学生国防感知较为缺乏和破碎,但随着军训的正规化实施、国防教育活动的多样化开展,以及虚拟现实技术的广泛应用,国防感知在国防教育中的地位日益凸显。国防感知的内容主要包括安全、政策、军事职业、社会环境、军营环境、武器装备和国防设施建设等 7 个

---

① 王健,马军,王翔.健康教育学[M].北京:高等教育出版社,2012:3.

方面。国防感性认识经过思考分析则形成国防理性认识,其组织化、系统化的存在形式是国防理论。它是关于捍卫国家主权、领土完整和安全以及防范外来侵略的系统理性认识[①],主要包括中国国防理论、国家安全理论、中外军事思想、现代战争理论、信息化装备理论等 5 个方面。

3.动力层:国防倾向

国防倾向是指主体基于一定的国防认知及个性心理,对国防现象和国防行为表现出希望了解和参与的心理趋势,它主导与决定了主体了解和参与国防现象、国防行为的意愿程度。国防倾向主要包括国防核心观念、国防兴趣、国防情感、国防效能等 4 个维度。国防核心观念是主体基于一定的国防感知与国防理论而形成的对中国先进国防精神和军事文化的理解、接受、认同情况。这些国防精神主要包括爱国主义精神、尚武精神、忧患意识、国家安全观念、革命英雄主义精神、集体主义与纪律观念、艰苦奋斗精神、积极防御观念、军民融合意识等。它是国防感知和国防理论在价值观层面的深化,是形成个人国防倾向的重要内部动力。国防兴趣是主体对国防现象和行为的喜好,是诱发主体国防动机的重要因素,它建立在一定的国防感情基础之上,并且与国防认知状况相互影响[②],主要包括军事理论兴趣、军人职业兴趣、军事科技装备兴趣等 3 个方面。国防情感是主体对国防现象、国防活动是否符合自身需要而产生的态度体验,包括国防正向性情感(如国防自豪感、国防振奋感、军人崇拜感)、国防负向性情感(如国防挫败感、国防抵触感)以及国防不作为情感(国防麻木感)。国防效能是指主体基于自我感觉、自我观察、自我体验、自我分析后,对自身参加国防活动的优缺点、本国家国防的发展现状与优缺点、本国国防在世界国防中的地位的全面估量,并以此确立国防期望的过程。国防效能分为个人效能

---

① 闫忠林,问鸿滨. 建构新时期普通高校国防教育模式的路径研究:以"提升学生综合国防素质"为导向[J]. 社科纵横,2018(10):114-117.

② 熊春兰.论国防生国防意识现状及教育对策[D].长沙:湖南师范大学,2013:11.

和国家效能两个方面：个人效能是主体对自身参加国防活动优缺点的评估以及在此基础上的预期，包括军旅适应效能、专业职业服务效能两个方面；国家效能是主体对国家国防发展现状的估量以及在此基础上的国防预期，包括国防实力效能、国防潜力效能、国防动员能力效能、国防力量平时运用效能等 4 个方面。

4. 现实层：国防行为

国防行为是指主体在国防活动中的现实行为表现，遵循的是从与人的行为关联的视角来理解素质问题的方法论[1]，体现了素质教育的知—行、内化—外显、可能性—现实性的逻辑链路。根据普通高校大学生国防活动的特点，其国防行为表现主要包括特定国防行为表现（又称国防技能）和宽泛国防行为表现两个维度。特定国防行为表现是指主体结构化运用所学知识完成某个特定国防行为动作的能力表现，主要包括条令训练与队列养成、射击与战术、防卫技能与战时防护、战备基础与应用等 4 个基本点。宽泛国防行为表现是指主体在学习生活中的国防相关行为表现，它不与特定的行为动作联系，而主要体现在日常的国防关注和国防义务履行两个方面。其中，国防关注是主体对国防现象和国防活动的关心和注意程度，它反映了主体对自己与国防之间关系的理解情况，包括国家安全关注、军事力量建设关注和国防法规政策关注等 3 个基本点。国防义务履行是指主体在日常工作和生活中自觉履行国防义务的行为表现，包括履行安全保密、兵役登记、舆论支持、政策宣讲、服兵役（含现役和民兵预备役）等方面的义务。

（二）各维度之间的内在联系

"身心基础""国防认知""国防倾向""国防行为"4 个方面紧密联系、相

---

[1]　陈佑清. 在与活动的关联中理解素养问题：一种把握学生素养问题的方法论[J]. 教育研究，2019(6)：60-69.

互渗透,共同决定了大学生综合国防素质的整体发展状况。身心基础是主体参与国防活动的生理、心理基础,处于综合国防素质的基础层,决定了主体国防素质发生、发展"可不可能"的问题,同时受国防心理内容的调节以及国防行为的影响;国防认知作为主体对国防现象及其规律的感性和理性认识,处于综合国防素质的认知层,决定了主体对国防运动及其规律"知与不知"的问题,它一方面与身心基础相联系,另一方面对国防倾向及国防行为的激发、维持及发展产生重要影响;国防倾向作为驱动主体了解和参与国防活动的内部动力,处于综合国防素质的动力层,决定了主体了解国防运动、参与国防活动"愿不愿意"的问题,它受国防认知情况的直接影响,同时对国防行为具有重要预测作用;国防行为是大学生综合国防素质的行为外化,处于大学生综合国防素质的现实层,决定了大学生综合国防素质"成与未成"的问题,一方面,它是其他国防素质的现实性外显,另一方面,它又作为实践环节对其他维度的国防素质产生重要影响。

第三节　以综合国防素质为引领加强大学生国防教育的实践路径

以上研究通过扎根理论的方法构建了以身心基础、国防认知、国防倾向、国防行为四个方面为主框架,以健康状况、体能素质等十个维度为标准的普通高校大学生综合国防素质的理论模型。国防教育应以大学生综合国防素质提升为着眼,借鉴本研究的理论模型,从四大方面入手,以十个维度为参照,进一步丰富发展普通高校国防教育体系,完善相关机制,系统推动大学生综合国防素质培育工程,为强国强军提供战略支撑。

一、构建和完善以课程建设为核心的多维立体的国防教育形式和内容体系

从以上构建的理论模型看,普通高校大学生综合国防素质体现出层次性、全面性和时代性等特点。从纵向来看,其涵盖了身体、心理、社会养成、行为实践诸多层面,各层次上下交织、相互影响;从横向来看,各维度与人的全面素质复杂关联,其内在的运动规律互为因果。[①] 从时代性上看,大学生综合国防素质适应国家安全领域和现代战场空间的拓展,表现出"意

---

① 廖济忠,胡代松.论国防教育的系统性与大学生综合素质培养[J].高等教育研究学报,2008(1):33-35.

识观念更加综合全面、知识内容更加丰富具体、技术能力更加专业实用"[①]等特点。高校国防教育围绕这些特点，既要注重对接思政课、专业课以及学校其他活动，在同行同向中形成协同效应；当前更为重要和紧迫的是，必须立足自我，主动对接大学生综合国防素质的各要素结构，积极拓展国防教育的形式和内容，拓宽生成综合国防素质的模式路径。

首先，建立完善以军事理论课为主体、以军事（国家安全）通识课为深化、以常态化国防讲座为补充的国防理论课程体系。按照新大纲和新课程标准有关规定开展军事理论课教学，重点解决专职教师不足、教师军事素养不够、教学质量不高、教师科研通道不畅等问题，不断改善军事理论教学的供给，以基础性、系统性理论框架满足学生基本的国防认知，打造良好的国防倾向和国防行为基础；联合校内外专家共同开设"孙子兵法""武器装备与现代战争""外国军事战略"等多元多样的军事通识课程，把军事理论课中无法深入展开的内容，以更为生动系统的军事通识课呈现，在拓展深化学生的军事视野和国防认知的同时，向国防兴趣、国防情感、国防评价等方面延伸；此外，结合时事热点、理论难点、问题焦点，定期邀请知名军事问题专家开展国防类专题讲座，进一步激发大学生的国防兴趣和热情，培育大学生国防核心观念。

其次，积极打造集中组织与课程化实施相结合的军事技能、军事体育教育新模式。军事技能和军事体育教育具有夯实身心基础、深化国防认知、培育国防兴趣情感、强化国防核心观念、生成国防行为能力等综合育人的特殊功能，目前主要依托军队派遣教官利用2~3周时间集中组织的方式进行（即军训）。这种培训方式主要面临军队承训力量不足、教官理论素

---

① 张正明，崔殿宁，高岑. 在新时代对培育大学生综合国防素质的思考[J]. 国防科技，2018(5)：53-56.

养不够、复杂科目难展开等问题。① 笔者在调研中了解到,众多普通高校在集中军训阶段仅开展了队列训练、射击练习等简易科目,不少高校甚至因安全因素取消了实弹射击,而对分队战术、识图用图、行军拉练、野外生存等难度稍大的科目鲜有开展,这严重制约了综合国防素质培育的质量与效果,也与军训的课程定位相违背。基于此,应积极探索集中培训与课程化实施相结合的国防技能、体育教育的新路子。对于"共同条令教育与训练"类适合集中组织、教学难度不高的科目,可依托军队派遣教官于开学初或暑期集中军训3～5日的方式完成,而对于"分队战术""识图用图""野外生存"等较复杂的训练科目,可拆分理论讲解、示范体验、实操练习等教学环节正常排入课表,每周3～4个学时,一学期内完成相关教学任务。

最后,广泛开展多元多样的国防教育活动,进一步拓宽综合国防素质培育的多维路径。在活动组织的主体上,坚持校方组织与群众性自组织相结合的方式。校方在校园文化建设中可有机融入军事文化要素,开办国防教育微信公众号,把军营调研、暑期训练营等活动纳入学生社会实践环节;在征兵宣传月、国防教育日等重要时间节点,校方可集中组织相关宣传和纪念活动,并带动群众自发性配合活动。同时,鼓励国防和军事爱好者成立国防协会等学生社团,推动社团常态化开展相关活动。在活动的对象上,在以大学生为主要对象的同时,要把学校中高层领导、教师、辅导员等积极纳入,发挥以上率下、以师带生的积极效能。

二、构建和完善统分结合的国防教育领导管理体系和承训力量体系

2020 年修订的《中华人民共和国国防法》将国防的基本内涵界定为

---

① 蔺玄晋.适应国家战略需要的高校教育改革研究:以高校学生军训改革为例[J].中国高技,2018(9):54-56.

"国家为防备和抵抗侵略,制止武装颠覆和分裂,保卫国家主权、统一、领土完整、安全和发展利益所进行的军事活动,以及与军事有关的政治、经济、外交、科技、教育等方面的活动",揭示了国防活动的军事主体性和军事相关性本质。国防素质作为主体从事国防活动的主体条件的反映,必然呈现出军事为主、战争主向的特点。结合理论模型具体来看,一方面,大学生综合国防素质各维度的培育指向均带有从军为战的特性;另一方面,综合国防素质各要素的培育都离不开军事资源的投入和军事环境的熏陶。当前,大学生综合国防素质培育中存在"军味"不足、"战味"不浓的问题,客观上主要源于"军事系统的相对封闭性与主体国防信息获取特别是感性资料获取不足"以及"军方聚焦实战职能、承训和保障能力不足与大学生军事训练量大面广"两方面的矛盾。主观上,一个重要原因是部分高校因为国防素质与大学生政治素质、专业素质等高度关联而在课程设置、活动载体上丧失了自我规定性。当下,着眼综合国防素质培育,国防教育必须立足自我,着力构建统分结合的领导管理体系和承训力量体系。

探索建立更加精干高效统合的国防教育领导机关。目前,教育部体卫艺司和军委国防动员部共同领导管理学校国防教育,对需要军地联合解决的国防教育体制机制难题协调性不够。建议积极借鉴国务院退役军人事务部机构设置的做法,在国家、省、市层面实行军地合署办公的国防教育主抓部门,主要解决"机构单设,人员专职"等问题,以专职精干统合的领导机关整合国家、军队、高校、家庭、市场和社会等多方力量。

分类建立学生军训和军事理论教学与科研机构。按照党管武装、党管国防的原则,本科类和高职类高校可探索设置独立的"军事教学与军训部"二级教学机构,下辖人武部、军事教研室和国防教育创新研究中心,共同承担学生军训、军事理论教学和科研工作;民办高校和独立学院可探索设立独立合署的人武部和军事教研室。

探索扩大民兵预备役部队承训模式。学习借鉴中北大学等高校开展的编组预备役连队以破解现役部队承训能力不足问题的做法①,从退伍返校大学生中考核选拔预备役人员,有针对性地制定新的学分管理办法和奖惩机制,打造稳定可靠、有较高军事素养和较强教学能力的承训力量。

三、以提升综合国防素质为引领,进一步完善普通高校国防教育教学评价体系

构建和完善新时代普通高校国防教育的评价体系,是牵引国防教育发展的现实要求,也是监控、反馈和改进国防教育质量效益、加强国防教育管理的重要途径。2019 年 9 月,教育部、中央军委国防动员部联合下发了《普通高等学校军事课建设标准》,构建了较为系统完备的课程评价体系,包括 3 个大类、40 个三级指标。但从整个国防教育的评价体系上看,其仍然存在目标导向不明确,评价主体单一,以及指标体系的可测性、有效性、完整度和可信度都有待提升等问题。本研究构建了普通高校大学生综合国防素质的理论模型,它为综合国防素质的量表构建奠定了基础,可以此为牵引加强国防教育的评价体系改革,积极推动国防教育质量提升。

积极构建以大学生综合国防素质培育为主要导向的国防教育成效评价指标体系。既有的评价体系主要关注学生学业成绩、教师科研成果发表等指标,这些指标一定程度上反映了国防教育教学的效果,但指标松散,各指标对综合国防素质的贡献度高低不齐,需建立完善以综合国防素质为导向的新的成效评价指标体系,并以此牵引国防教育教学的建设和改革。

以国防教育成效评价指标体系的新构建为辐射,积极推进国防教育评价体系改革迈向纵深。在评价的主体上,除了作为管理主体的主管部门、一线管理者、专业咨询的专家,还应把作为学习主体的学生、教育主导的教

---

① 蔺玄晋.适应国家战略需要的高校教育改革研究:以高校学生军训改革为例[J].中国高技,2018(9):54-56.

师等纳入；在评价的形式和方法上，结合国防教育的特点和现状，应探索采取以自我评价为基础，以专家评价和同行评价为重点，质性评价与量化评价相结合的方式；在评价的内容要素上，应基于课程评价，积极把国防活动开展、兵员征集数据、军民融合产业促进等作为重要参照一体纳入，构建以综合国防素质为导向的科学适切的国防教育评价体系。

第三章　普通高校大学生综合国防素质的量表编制

第一节 量表编制的流程与方法

一、研究方法

本研究采用定性研究与问卷调查相结合的方法。其中,定性研究的目的是编制初始问卷;问卷调查的目的是通过量表的施测及其统计学结果,考察量表是否符合心理测量学的指标要求。

(一)定性研究

采用阅读文献、专家评价、受众评价与访谈等定性研究的方法编制初始问卷。

1. 构建项目池

以"国防素质""国防意识""健康调查""国防兴趣""国防情感"等为关键词,在中国知网、万方数据库、PubMed 等国内外核心数据库搜索相关文献,从中搜集与理论模型相契合的各维度测量题项,对题项进行汇总、筛选,剔除不符合要求或重复内容的题项,经过资料整合后形成项目池。

2. 专家评价

由于本研究之前已经确定了量表的结构维度,故专家评价的主要目的为:①确保题项设计涵盖理论模型的所有维度;②确保题项所测的内容与理论模型的结构维度保持一致;③语言表达准确并易于理解。研究团队邀请了军事院校军事学教授 2 名,高校体育教师、军事理论教师和学校武装部副部长各 1 名,共 5 名专家对量表各题项进行评价。评价采用问卷调查的方式进行,请专家对各题项与相应维度的关联性(适合程度)评分,采用 1—4 分四级评分,1 分代表关联(适合)程度最低,4 分代表适合(关联)程度最高。根据专家评分计算各条目内容效度指数(item-level CVI,I-CVI)[①]、随机一致性概率(Pc)和 $Kappa$ 值。其中,

$$I\text{-}CVI = \frac{A}{N}; Pc = \left[\frac{N!}{A!\,(N-A)!}\right] \times 0.5^{N};$$

$$Kappa = \frac{I\text{-}CVI - Pc}{1 - Pc}$$

其中,A 为评分 3 分或 4 分的专家数;N 为参与评分的专家总数。[②]

如 $I\text{-}CVI < 0.78$,或者尽管 $I\text{-}CVI > 0.78$,但 $Kappa < 0.74$,则该题项可能与理论维度的关联性(适合程度)不高,可考虑删除该题项,或者根据专家建议修改题项。

3.学生评价与访谈

将经专家评价修正后的问卷发放给 17 名大学生进行评价,与其面对面访谈,询问其对题项的理解,并征求相关修改意见。此阶段重点关注各题项的语言表达是否准确、简洁,是否符合被试口语化的理解,并根据学生评价和访谈反馈进行修改。

---

① CVI 即内容效度指数(content validity index,CVI),指量表或题项实际能测出其所要测的心理特质的程度。主要分为条目水平的内容效度指数(item-level CVI,I-CVI)和量表水平的内容效度指数(scale-level CVI,S-CVI)两类。

② 史静琤,莫显昆,孙振球.量表编制中内容效度指数的应用[J].中南大学学报(医学版),2012(2):49-52.

(二)调查研究

1.问卷设计

问卷主要包括两部分。第一部分为调查对象的基本情况,包括年龄、性别、年级、学科、政治面貌、家庭背景等;第二部分为普通高校大学生综合国防素质的初始量表。量表采用李克特五级评分,所有题项均正向计分,量表和各维度得分为相应题目的均值,得分越高,表明个体的综合国防素质越强。

2.调查对象

问卷委托"国防教育与国家安全教育交流"微信群中各地普通高校国防教育教师,通过线上和纸质邮寄两种方式发放与回收。在调查对象所在学校的选择上,采用地域分层随机抽样法,从我国七大分区(即东北、华北、华东、华中、华南、西北、西南地区)中各抽取 7 所普通本科高校(如北京大学、南京农业大学)、2 所高职高专院校(河南职业技术学院、浙江育英职业技术学院),共抽取了 63 所普通高校;在具体调查对象的选择上,由受委托的教师采用方便取样的方法从所在学校中选择愿意配合调查的本科生。

3.样本量估计及使用

本研究采用探索性因素分析(exploratory factor analysis,EFA)和验证性因素分析(confirmatory factor analysis,CFA)交叉验证的方法确定量表的结构效度,因此需同时考虑两种分析对样本量的需求。关于 EFA 样本量的要求,心理测量学家 Fabrigar 认为样本量低于 400 个时容易导致 EFA 的结果歪曲[①],Hair 等则建议预试样本数最好为量表题项数的 5 倍

---

① Fabrigar L R,Wegener D T,MacCallum R C,et al. Evaluating the use of exploratory factor analysis in psychological research[J]. Psychological Methods,1999,4(3):272-299.

以上。[①] 本研究经过专家评定后的初始问卷题项为 86 题,综合以上两个指标,应获取 EFA 的样本量在 430 个以上;关于 CFA 样本量的要求,Kline 等建议应使其达到模型纳入观察变量的 10~20 倍以上[②],如最终的模型中有 40 个观察变量,应保持样本量在 400 个以上。考虑到问卷调查中可能出现的无效问卷,同时为了保证样本的代表性,本研究共发放问卷 1372 份,回收有效问卷 1316 份,有效回收率为 95.9%,达到了因素分析的样本量要求。调查的样本中,男生 698 名(53.0%),女生 618 名(47.0%);大一 337 名(25.6%),大二 381 名(29.0%),大三 245 名(18.6%),大四 353 名(26.8%);东北地区 201 名(15.3%),华北地区 176 名(13.4%),华东地区 252 名(19.1%),华中地区 209 名(15.9%),华南地区 207 名(15.7%),西北地区 134 名(10.2%),西南地区 137 名(10.4%)。

将所有样本随机分半为样本 1 和样本 2。对样本 1($N=658$)进行项目分析和探索性因素分析,对样本 2($N=658$)进行验证性因素分析。依据分析结果,确定量表的结构。

最后,采用全部样本数据对大学生综合国防素质状况进行统计分析,并就大学生综合国防素质在性别、年级、家庭涉军背景等方面的差异进行实证研究。

二、量表开发流程及其主要步骤

参照德威利斯(Robert F. DeVellis)《量表编制:理论与应用》和胡赛《SERVQUAL 量表用于我国社区卫生服务质量评价的适用性研究》中量

---

① Hair J F,Black W C,Babin B J,et al. Multivariate Data Analysis (7th Edition)[M]. London:Pearson Education Limited,2013:100.

② Kline R B,Little T D. Principles and Practice of Structural Equation Modeling[M]. New York:Guilford Press,2011:12.

表编制的做法[①],采用定性研究的方法构建项目池并形成初始问卷,采用问卷调查和数据分析的方法进行量表施测、修订并验证量表(见图 3.1)。

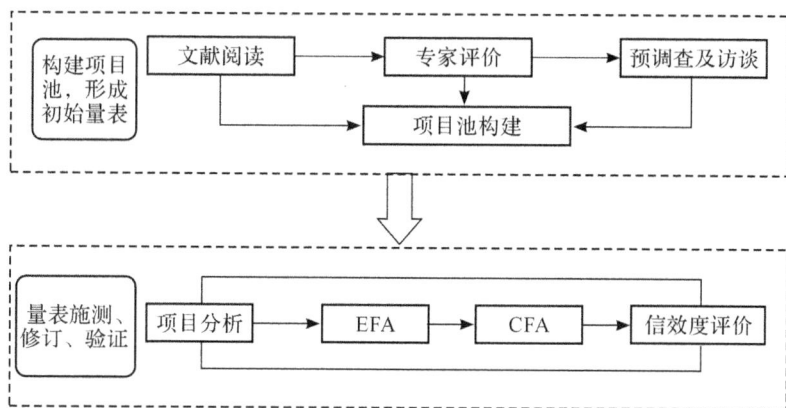

图 3.1　量表开发流程

三、统计方法

使用 SPSS 26.0 和 AMOS 24.0 进行数据分析。数据分析的内容包括项目分析、量表维度结构确认、信效度评价以及相关实证分析。其中,项目分析主要采用临界比值法、题总相关法进行检验;量表维度的结构确认采用 EFA 和 CFA 交叉验证的方法进行;量表的信度评价主要采用克朗巴哈系数(Cronbach's alpha 或 Cronbach's α)和重测信度检验;量表的效度评价综合采用内容效度、结构效度、聚敛效度、区分效度、校标关联效度等方法。

[①]　罗伯特·F.德威利斯.量表编制:理论与应用[M].席仲恩,杜钰,译.重庆大学出版社,2016:75-124;胡赛.SERVQUAL 量表用于我国社区卫生服务质量评价的适用性研究[D].武汉:华中科技大学,2018:19.

第二节　研究结果与讨论

一、构建项目池

在本研究搜索的文献中，黄伟东编制的《大学生国防意识测试自编量表》[①]以及《SF-36 健康调查量表》(The Short Form-36 Health Survey, SF-36)对本研究的项目池构建具有较大参考价值。根据之前构建的理论模型，并参考这些文献构建项目池，通过资料整合，初步编制了 89 个题项的问卷。专家评价的结果见表 3.1。其中，题项 60、61、62、63 的 $I\text{-}CVI<0.78$，且 $Kappa<0.4$，表明这 4 个题项所测内容可能与理论维度的关联性（适合程度）不高[②]，删除这些题项，剩余 85 个题项。

表 3.1　各题项专家评定结果

题号	题项	所属维度	A	N−A	I-CVI	Pc	Kappa
1	健康总体		5	0	1	0.031	1.000
2	运动健康	国防健康	5	0	1	0.031	1.000
3	学习生活健康		5	0	1	0.031	1.000
4	社交健康		5	0	1	0.031	1.000

---

① 黄伟东. 大学生国防意识的特点研究[D]. 厦门：厦门大学，2008：50-51.

② 根据 Polit 的标准，$Kappa$ 值在 $0.40\sim0.59$ 为一般，$0.60\sim0.74$ 为良好，大于 0.74 为优秀。详见 Denise F Polit D F，Beck C T，Owen S V. Is the CVI an acceptable indicator of content validity? Appraisal and recommendation[J]. Research in Nursing & Health，2007，30(4)：459-467.

题号	题项	所属维度	A	$N-A$	$I\text{-}CVI$	Pc	$Kappa$
5	健康情绪	国防健康	5	0	1	0.031	1.000
6	身体疼痛		5	0	1	0.031	1.000
7	个人精力		5	0	1	0.031	1.000
8	快乐体验		5	0	1	0.031	1.000
9	体能总体	国防体能	5	0	1	0.031	1.000
10	体型状况		5	0	1	0.031	1.000
11	立定跳远		5	0	1	0.031	1.000
12	仰卧起坐		5	0	1	0.031	1.000
13	引体向上		5	0	1	0.031	1.000
14	耐力跑		5	0	1	0.031	1.000
15	50米跑		5	0	1	0.031	1.000
16	国防教育活动感知	国防感知	5	0	1	0.031	1.000
17	军营生活感知		5	0	1	0.031	1.000
18	军改感知		5	0	1	0.031	1.000
19	军人感知		5	0	1	0.031	1.000
20	国防理论总体	国防理论	5	0	1	0.031	1.000
21	入伍政策		5	0	1	0.031	1.000
22	武装力量		5	0	1	0.031	1.000
23	国防动员		5	0	1	0.031	1.000
24	孙子兵法		5	0	1	0.031	1.000
25	抗美援朝战争		5	0	1	0.031	1.000
26	外军知识		5	0	1	0.031	1.000
27	国防义务		5	0	1	0.031	1.000
28	轻武器		5	0	1	0.031	1.000
29	单兵战术		5	0	1	0.031	1.000
30	战备知识		5	0	1	0.031	1.000
31	解放军军兵种		5	0	1	0.031	1.000

续表

题号	题项	所属维度	A	N−A	I-CVI	Pc	Kappa
32	国防法规	国防理论	5	0	1	0.031	1.000
33	钓鱼岛问题		5	0	1	0.031	1.000
34	南海问题		5	0	1	0.031	1.000
35	军事技术		5	0	1	0.031	1.000
36	养成训练	国防技能	5	0	1	0.031	1.000
37	轻武器射击		5	0	1	0.031	1.000
38	战场救护		5	0	1	0.031	1.000
39	穿戴防毒面具		5	0	1	0.031	1.000
40	徒手单兵战术动作		5	0	1	0.031	1.000
41	家国观念	国防核心观念	5	0	1	0.031	1.000
42	从军光荣感		5	0	1	0.031	1.000
43	国防让位论		5	0	1	0.031	1.000
44	从军意义论		5	0	1	0.031	1.000
45	军人崇拜论		5	0	1	0.031	1.000
46	防御性国防论		5	0	1	0.031	1.000
47	武器装备决定论		5	0	1	0.031	1.000
48	国防兴趣总体	国防兴趣	5	0	1	0.031	1.000
49	军事学术兴趣		5	0	1	0.031	1.000
50	军事类电视节目兴趣		5	0	1	0.031	1.000
51	军事书籍阅读兴趣		5	0	1	0.031	1.000
52	军事影视兴趣		5	0	1	0.031	1.000
53	国防军事类新闻兴趣		5	0	1	0.031	1.000
54	军训怀念	国防情感	5	0	1	0.031	1.000
55	交友倾向		5	0	1	0.031	1.000
56	听唱军歌		5	0	1	0.031	1.000
57	军人崇拜		5	0	1	0.031	1.000
58	军人地位		5	0	1	0.031	1.000

续表

题号	题项	所属维度	A	N−A	I-CVI	Pc	Kappa
59	国防自豪		5	0	1	0.031	1.000
60	军队腐败		2	3	0.4	0.313	0.127
61	军人形象	国防情感	1	4	0.2	0.156	0.052
62	军人社会地位		2	3	0.4	0.313	0.127
63	军人待遇		2	3	0.4	0.313	0.127
64	战争取胜		5	0	1	0.031	1.000
65	国防科技装备发展		5	0	1	0.031	1.000
66	国防动员能力		5	0	1	0.031	1.000
67	军事实力		5	0	1	0.031	1.000
68	军事工作适切性	国防效能	5	0	1	0.031	1.000
69	专业服务适切性		5	0	1	0.031	1.000
70	身体素质适切性		5	0	1	0.031	1.000
71	有所作为适切性		5	0	1	0.031	1.000
72	工作环境适应性		5	0	1	0.031	1.000
73	战争与冲突关注		5	0	1	0.031	1.000
74	阅兵活动关注		5	0	1	0.031	1.000
75	国际形势关注		5	0	1	0.031	1.000
76	台海局势关注		5	0	1	0.031	1.000
77	领土争端关注		5	0	1	0.031	1.000
78	武器装备发展关注		5	0	1	0.031	1.000
79	中美关系发展关注	宽泛国防行为	5	0	1	0.031	1.000
80	美军部署关注		5	0	1	0.031	1.000
81	我军行动关注		5	0	1	0.031	1.000
82	周边安全关注		5	0	1	0.031	1.000
83	国防建设与改革关注		5	0	1	0.031	1.000
84	参军行为倾向		5	0	1	0.031	1.000
85	国防志愿活动倾向		5	0	1	0.031	1.000

续表

题号	题项	所属维度	A	$N-A$	$I\text{-}CVI$	Pc	$Kappa$
86	国防宣传活动倾向		5	0	1	0.031	1.000
87	国防设施保护倾向	宽泛国防行为	5	0	1	0.031	1.000
88	支前参战倾向		5	0	1	0.031	1.000
89	工作岗位倾向		5	0	1	0.031	1.000

注：A 为评分 3 分或 4 分的专家数；N 为评定专家总数，$N=5$。

另外，根据专家意见将各题项中所有涉及"军事技能培训"的专业术语统一修改为"集中军训"；题项 34 原表述为"您很了解南沙群岛争端的由来"，根据专家建议修改为"您很了解南海问题的由来"；根据专家建议，在国防兴趣部分增加了"您对参加国防军事类社团很感兴趣"题项。修改后共 86 个题项。

将该 86 个题项的问卷发放给 17 名大学生进行评价并请他们提出修改意见。其中，题项"与身边同学相比，您最近一次仰卧起坐测试成绩较好"，学生反馈不清楚身边同学的测试成绩，因此，将其修改为"根据国家体质检测标准，您最近一次仰卧起坐测试成绩较好"，修改后题项数量不变。

通过以上步骤，初步编制了大学生综合国防素质量表。量表共 86 个题项，包括国防健康、国防体能、国防感知、国防理论、国防技能、国防核心观念、国防兴趣、国防情感、国防效能和宽泛国防行为等 10 个维度。量表采用李克特五级评分，所有题项均正向计分，量表和各维度得分为相应题目的均值，得分越高，表明个体综合国防素质越强。

二、项目分析

将量表总分按高低排序，前 27％的被试为高分组，后 27％的被试为低分组，采用独立样本 t 检验比较各题项高低分组的差异。结果显示，所有题项在两组上的差异均达到显著水平（$p<0.05$），说明各题项均有较好的

鉴别力[①]。分析各题项与总分的相关情况,结果显示,各题项与总分相关系数均达到显著水平($p<0.05$),如表 3.2 所示;除保留题项 36、60、63、66、71 相关系数临界于 0.400 的题项外,删除相关系数小于 0.400 的 16 个题项(分别是题项 2、3、4、5、6、8、10、12、13、43、46、47、59、61、62、64),最终保留 70 个题项,剩余题项的题总相关系数为 0.396~0.691。

表 3.2 各题项与总分的相关系数

题号	题项	量表总分		分析结果
		相关系数	p 值(双侧)	
1	健康总体	0.406	<0.001	√
2	运动健康	0.176	<0.001	×
3	学习生活健康	0.096	<0.001	×
4	社交健康	0.123	<0.001	×
5	健康情绪	0.203	<0.001	×
6	身体疼痛	0.195	<0.001	×
7	个人精力	0.405	<0.001	√
8	快乐体验	0.269	<0.001	×
9	体能总体	0.429	<0.001	√
10	体型状况	0.145	<0.001	×
11	立定跳远	0.419	<0.001	√
12	仰卧起坐	0.054	<0.001	×
13	引体向上	0.235	<0.001	×
14	耐力跑	0.412	<0.001	√
15	50 米跑	0.471	<0.001	√
16	国防教育活动感知	0.515	<0.001	√
17	军营生活感知	0.484	<0.001	√
18	军改感知	0.580	<0.001	√

---

① 吴明隆.问卷统计分析实务:SPSS 操作与应用[M].重庆:重庆大学出版社,2010:178.

续表

题号	题项	量表总分		分析结果
		相关系数	p 值（双侧）	
19	军人感知	0.527	<0.001	√
20	国防理论总体	0.467	<0.001	√
21	入伍政策	0.465	<0.001	√
22	武装力量	0.502	<0.001	√
23	国防动员	0.545	<0.001	√
24	孙子兵法	0.406	<0.001	√
25	抗美援朝战争	0.402	<0.001	√
26	外军知识	0.483	<0.001	√
27	国防义务	0.469	<0.001	√
28	轻武器	0.691	<0.001	√
29	单兵战术	0.587	<0.001	√
30	战备知识	0.572	<0.001	√
31	解放军军兵种	0.521	<0.001	√
32	国防法规	0.509	<0.001	√
33	钓鱼岛问题	0.445	<0.001	√
34	南海问题	0.461	<0.001	√
35	军事技术	0.466	<0.001	√
36	养成训练	0.397	<0.001	√
37	轻武器射击	0.490	<0.001	√
38	战场救护	0.437	<0.001	√
39	穿戴防毒面具	0.474	<0.001	√
40	徒手单兵战术动作	0.542	<0.001	√
41	家国观念	0.444	<0.001	√
42	从军光荣感	0.426	<0.001	√
43	国防让位论	0.306	<0.001	×

题号	题项	量表总分		分析结果
		相关系数	p 值（双侧）	
44	从军意义论	0.521	<0.001	√
45	军人崇拜论	0.407	<0.001	√
46	防御性国防论	0.284	<0.001	×
47	武器装备决定论	0.314	<0.001	×
48	国防兴趣总体	0.627	<0.001	√
49	军事学术兴趣	0.607	<0.001	√
50	军事类电视节目兴趣	0.590	<0.001	√
51	军事书籍阅读兴趣	0.582	<0.001	√
52	军事影视兴趣	0.501	<0.001	√
53	国防军事类新闻兴趣	0.594	<0.001	√
54	国防社团兴趣	0.610	<0.001	√
55	军训怀念	0.496	<0.001	√
56	交友倾向	0.408	<0.001	√
57	听唱军歌	0.509	<0.001	√
58	军人崇拜	0.407	<0.001	√
59	军人地位	0.242	<0.001	×
60	国防自豪	0.397	<0.001	√
61	战争取胜	0.325	<0.001	×
62	国防科技装备发展	0.326	<0.001	×
63	国防动员能力	0.398	<0.001	√
64	军事实力	0.301	<0.001	×
65	军事工作适切性	0.466	<0.001	√
66	专业服务适切性	0.396	<0.001	√
67	身体素质适切性	0.497	<0.001	√
68	有所作为适切性	0.486	<0.001	√

续表

题号	题项	量表总分		分析结果
		相关系数	p 值（双侧）	
69	工作环境适应性	0.466	<0.001	√
70	战争与冲突关注	0.515	<0.001	√
71	阅兵活动关注	0.397	<0.001	√
72	国际形势关注	0.470	<0.001	√
73	台海局势关注	0.497	<0.001	√
74	领土争端关注	0.468	<0.001	√
75	武器装备发展关注	0.557	<0.001	√
76	中美关系发展关注	0.403	<0.001	√
77	美军部署关注	0.502	<0.001	√
78	我军行动关注	0.581	<0.001	√
79	周边安全关注	0.471	<0.001	√
80	国防建设与改革关注	0.534	<0.001	√
81	参军行为倾向	0.471	<0.001	√
82	国防志愿活动倾向	0.410	<0.001	√
83	国防宣传活动倾向	0.401	<0.001	√
84	国防设施保护倾向	0.422	<0.001	√
85	支前参战倾向	0.409	<0.001	√
86	工作岗位倾向	0.467	<0.001	√

备注："分析结果"列中"√"代表保留题项，"×"代表剔除题项。

三、效度分析

(一)结构效度

1. 探索性因素分析

对样本 1（$N = 658$）的数据进行探索性因素分析，结果显示，KMO 值为 0.94,Bartlett 球形度检验的 χ^2 值为 19379.55,$p<0.001$,说明问卷适合做因素分析。通过主成分分析法,最大变异法转轴,以特征值大于 1 为原则抽取因子,共抽取公因子 10 个,累积方差解释率为 66.72%。

分析过程中,满足以下条件之一则删除题项:①因子载荷小于 0.5[1];②交叉载荷绝对值均超过 0.40[2];③交叉载荷绝对值之差小于 0.10[3]。每次仅删减 1 个题项,然后重新进行探索性因素分析,并依据新的结构确定下一次删减的题项。据此共删除 12 个题项,得到 8 个因子共 58 个题项,8 个因子的累积方差解释率为 67.39%。根据侯杰泰等人的建议[4],删除因子负荷在 0.6 以下的 23 个题项,采用相同的因子萃取和旋转方法对剩余的 35 个题项再次进行探索性因素分析,因子结构不变,累积方差解释率为 72.84%。因子 1 共 7 题,命名为"国防认知";因子 2 共 6 题,命名为"国防关注";因子 3 共 4 题,命名为"国防兴趣";因子 4 共 5 题,命名为"国防身心基础";因子 5 共 4 题,命名为"国防技能";因子 6 共 3 题,命名为"国防价值情感";因子 7 共 3 题,命名为"国防行为取向";因子 8 共 3 题,命名为"国防个人效能"。8 个因子分别解释了总变异的 15.26%、13.43%、9.01%、8.91%、8.33%、6.30%、6.22% 和 5.38%(见表 3.3)。

---

① Hair J F,Black W C,Babin B J,et al. Multivariate Data Analysis (7th Edition)[M]. London:Pearson Education Limited,2013:116.

② 刘勤学,苏文亮,方晓义,等.大学生网络使用利弊权衡问卷的编制[J].心理发展与教育,2010(2):176-182.

③ 苏文亮,刘勤学,方晓义.大学生上网诱惑情境量表的编制[J].中国心理卫生杂志,2012(4):299-304.

④ 侯杰泰,温忠麟,成子娟.结构方程模型及其应用[M].北京:教育科学出版社,2004:52.

表 3.3 旋转后的因子载荷矩阵

变量	公因子								共同度
	1	2	3	4	5	6	7	8	
1	**0.719**	0.217	0.131	0.206	0.123	0.086	0.054	−0.033	0.651
2	**0.802**	0.125	0.156	0.207	0.140	0.049	0.074	−0.010	0.753
3	**0.739**	0.144	0.088	0.159	0.172	0.022	0.000	0.149	0.653
4	**0.755**	0.129	0.210	0.120	0.230	0.035	−0.026	0.169	0.729
5	**0.826**	0.086	0.152	0.150	0.247	−0.035	0.060	0.150	0.824
6	**0.834**	0.067	0.141	0.154	0.215	−0.054	0.057	0.145	0.817
7	**0.800**	0.109	0.110	0.114	0.175	0.028	0.033	0.108	0.721
8	0.154	**0.798**	0.126	0.121	0.028	0.104	0.106	0.063	0.719
9	0.168	**0.834**	0.143	0.054	0.060	0.058	0.113	0.038	0.769
10	0.137	**0.845**	0.136	0.035	0.089	0.127	0.135	0.040	0.796
11	0.000	**0.832**	0.032	0.033	0.037	0.178	0.127	0.121	0.759
12	0.211	**0.733**	0.185	0.064	0.221	−0.018	0.111	0.126	0.698
13	0.130	**0.783**	0.190	0.077	0.049	0.065	0.205	0.140	0.741
14	0.268	0.179	**0.736**	0.166	0.159	0.132	0.139	0.184	0.748
15	0.199	0.235	**0.804**	0.125	0.156	0.143	0.160	0.136	0.741
16	0.250	0.190	**0.812**	0.083	0.136	0.162	0.090	0.148	0.603
17	0.210	0.260	**0.760**	0.099	0.105	0.219	0.137	0.123	0.769
18	0.256	0.048	0.057	**0.678**	0.081	0.048	0.089	−0.006	0.846
19	0.300	0.079	0.073	**0.745**	0.060	−0.140	0.132	0.066	0.840
20	0.104	−0.024	0.221	**0.686**	0.226	0.021	0.003	0.024	0.792
21	0.088	0.131	−0.043	**0.750**	0.050	0.125	0.011	0.189	0.548
22	0.155	0.085	0.111	**0.744**	0.190	0.035	0.035	0.093	0.702
23	0.274	0.110	0.166	0.139	**0.702**	0.062	0.084	0.130	0.583
24	0.244	0.120	0.093	0.157	**0.738**	0.115	0.052	0.013	0.643
25	0.346	0.039	0.087	0.137	**0.807**	0.022	0.098	0.061	0.645
26	0.281	0.131	0.149	0.214	**0.771**	0.076	0.038	0.086	0.654
27	0.121	0.094	0.145	0.030	0.116	**0.822**	0.099	0.066	0.668

变量	公因子								共同度
	1	2	3	4	5	6	7	8	
28	−0.033	0.106	0.160	0.004	0.077	**0.822**	0.144	0.039	0.813
29	−0.036	0.238	0.156	0.067	0.017	**0.661**	0.274	0.066	0.773
30	0.039	0.301	0.132	0.076	0.054	0.244	**0.821**	0.103	0.734
31	0.025	0.328	0.140	0.070	0.076	0.241	**0.817**	0.048	0.718
32	0.128	0.229	0.239	0.147	0.173	0.152	**0.617**	0.257	0.669
33	0.264	0.063	0.269	0.181	0.159	0.054	0.262	**0.677**	0.862
34	0.145	0.248	0.103	0.045	−0.011	0.135	0.011	**0.778**	0.866
35	0.191	0.147	0.262	0.250	0.221	−0.008	0.175	**0.632**	0.647
特征值	5.341	4.700	3.155	3.119	2.914	2.207	2.176	1.883	
方差贡献率/%	15.261	13.428	9.014	8.910	8.326	6.304	6.216	5.380	
累计方差贡献率/%	15.261	28.688	37.703	46.613	54.939	61.243	67.460	72.839	

2.验证性因素分析

以探索性因素分析得到的 8 因子模型为基础，对样本 2($N=658$)的数据进行验证性因素分析，拟合指标($\chi^2/df=2.64$，$RMSEA=0.05$，$IFI=0.95$，$CFI=0.95$，$TLI=0.94$，$PNFI=0.81$，$PGFI=0.75$)表明，量表模型较为合理。

(二)聚敛效度与区分效度

以样本 2($N=658$)的数据计算因子潜变量的平均方差萃取量(average variance extracted，AVE)，结果如表 3.4 所示，模型有较好的聚敛效度和区分效度。

表 3.4　潜变量平均方差萃取量与相关系数

维度	AVE	国防认知	国防关注	国防兴趣	国防身心基础	国防技能	国防行为取向	国防价值取向	国防个人效能
国防认知	$AVE_1=$ 0.634	$\sqrt{AVE_1}$ $=0.796$							
国防关注	$AVE_2=$ 0.662	0.330***	$\sqrt{AVE_2}$ 0.814						
国防兴趣	$AVE_3=$ 0.755	0.528***	0.532***	$\sqrt{AVE_3}$ $=0.869$					
国防身心基础	$AVE_4=$ 0.512	0.439***	0.183***	0.313***	$\sqrt{AVE_4}$ $=0.715$				
国防技能	$AVE_5=$ 0.645	0.577***	0.247***	0.409***	0.401***	$\sqrt{AVE_5}$ $=0.803$			
国防行为取向	$AVE_6=$ 0.607	0.233***	0.491***	0.530***	0.191***	0.264***	$\sqrt{AVE_6}$ $=0.779$		
国防价值取向	$AVE_7=$ 0.525	0.152***	0.408***	0.472***	0.147***	0.204***	0.669***	$\sqrt{AVE_7}$ $=0.724$	
国防个人效能	$AVE_8=$ 0.514	0.582***	0.396***	0.672***	0.490***	0.463***	0.545***	0.389***	$\sqrt{AVE_8}$ $=0.717$

注:对角线表示 AVE 的平方根,下三角区域表示潜变量间相关系数,* $p<0.05$,** $p<0.01$, *** $p<0.001$。(下同)

(三)校标关联效度

抽取 171 名大学生为被试,以黄伟东"大学生国防意识"为校标进行相关检验(见表 3.5),发现除"国防身心基础"与"国防技能"两个维度外,大学生综合国防素质总分及其他维度与所选校标呈显著正相关。

表 3.5　大学生综合国防素质量表的校标关联效度($N=171$)

校标工具	总分	国防认知	国防关注	国防兴趣	国防身心基础	国防技能	国防价值情感	国防行为取向	国防个人效能
国防意识	0.49**	0.33**	0.29*	0.37**	0.06	0.13	0.47**	0.41**	0.46**

四、信度分析

信度检验包括 Cronbach's α 系数和重测信度。其中 α 系数通过 1316 个样本进行检验;重测信度根据自愿原则,请被试中的 123 人在两周后重新接受检测,与第一次测量结果进行相关分析,结果如表 3.6 所示,相关指标均符合心理测量学要求。

表 3.6　普通高校大学生综合国防素质信度系数

	总量表	国防认知	国防关注	国防兴趣	国防身心基础	国防技能	国防价值情感	国防行为取向	国防个人效能
α 系数	0.93	0.93	0.92	0.92	0.81	0.87	0.76	0.84	0.76
重测信度	0.76	0.80	0.75	0.70	0.80	0.76	0.69	0.79	0.82

五、实证分析

采用全部样本数据($N = 1316$)对普通高校大学生综合国防素质的基本状况及在不同性别、年级、家庭涉军背景等方面的差异性进行分析,结果如下。

(一)大学生综合国防素质的描述性统计

对普通高校大学生综合国防素质及其各维度的总体水平进行描述性统计分析,发现大学生综合国防素质的总体均值为 3.18(>3),标准差为 0.55。国防认知、国防技能和国防个人效能维度的均值分别为 2.31、2.74、2.91;国防身心基础、国防兴趣、国防关注、国防行为取向和国防价值情感维度的均值分别为 3.00、3.14、3.55、3.58、4.21;各维度的标准差为 0.63~0.81。

(二)大学生综合国防素质在不同性别上的差异

采用独立样本 t 检验对综合国防素质总分及各维度得分在性别上的差异进行分析,结果如表 3.7 所示。在国防价值情感和国防行为取向维度,女生的得分均显著高于男生, $ps<0.01$;而在综合国防素质总分及其余维度上,男生的得分均显著高于女生, $ps<0.001$。

表 3.7　不同性别大学生综合国防素质得分的差异分析

维度	男($N=698$)	女($N=618$)	t
国防认知	2.49(0.81)	2.11(0.56)	9.79***
国防关注	3.70(0.83)	3.39(0.75)	6.87***
国防兴趣	3.34(0.95)	2.92(0.80)	8.60***
国防身心基础	3.09(0.85)	2.86(0.75)	5.11***
国防技能	2.86(1.04)	2.59(0.93)	4.94***
国防价值情感	4.14(0.78)	4.28(0.61)	−3.71***
国防行为取向	3.51(0.93)	3.64(0.78)	−2.75**
国防个人效能	3.06(0.88)	2.73(0.79)	7.13***
综合国防素质总分	3.27(0.61)	3.07(0.46)	6.88***

(三)大学生综合国防素质在不同年级上的差异

对不同年级大学生在综合国防素质总分及各维度的得分进行单因素方差分析,结果如表 3.8 所示。不同年级大学生在综合国防素质总分、国防认知、国防身心基础、国防技能和国防行为取向维度均存在显著差异, $ps<0.01$;但在国防关注、国防兴趣、国防价值情感和国防个人效能维度均不存在显著差异。事后检验分析发现:①在国防认知和国防技能维度,1 年级学生的得分显著高于 3 年级、2 年级和 4 年级的学生, $ps<0.001$,后三者之间无显著差异, $ps>0.05$;②在综合国防素质总分和国防身心基础维度,1年级学生的得分显著高于2年级学生,$ps<0.001$;③在国防行为取向维度,3年级学生的得分显著高于2年级学生,$ps<0.001$。

表3.8　不同年级大学生在综合国防素质得分上的差异

维度	1年级 A ($N=337$)	2年级 B ($N=381$)	3年级 C ($N=245$)	4年级 D ($N=353$)	F	$Scheffe$
国防认知	2.63(0.81)	2.24(0.68)	2.32(0.83)	2.18(0.73)	20.68***	A>C,B,D
国防关注	3.53(0.88)	3.58(0.80)	3.46(0.82)	3.36(0.68)	1.58	—
国防兴趣	3.24(0.93)	3.11(0.90)	3.32(0.94)	3.18(0.72)	1.89	—
国防身心基础	3.21(0.84)	2.91(0.79)	3.09(0.82)	3.04(0.83)	8.83***	A>B
国防技能	3.09(0.92)	2.66(1.00)	2.67(1.06)	2.56(1.00)	13.08***	A>B,C,D
国防价值情感	4.17(0.74)	4.22(0.70)	4.31(0.63)	4.10(0.71)	0.95	—
国防行为取向	3.66(0.93)	3.53(0.86)	3.91(0.81)	3.67(0.66)	4.17**	C>B
国防个人效能	2.99(0.87)	2.89(0.86)	3.03(0.86)	2.79(0.79)	1.40	—
综合国防素质总分	3.31(0.62)	3.14(0.53)	3.27(0.59)	3.11(0.54)	7.10***	A>B

(四)大学生综合国防素质在不同家庭涉军背景上的差异

对不同家庭涉军背景[①]的大学生在综合国防素质总分及各维度上的得分进行独立样本 t 检验分析,结果见表3.9。在综合国防素质总分和国防关注、国防兴趣、国防技能、国防价值情感、国防行为取向、国防个人效能等维度,有家庭涉军背景的大学生均高于无涉军背景的大学生,$ps<0.01$;不过,在国防身心基础与国防认知维度,两者差异并不显著,$ps>0.05$。

---

① 这里的家庭涉军背景,指的是大学生家庭中是否有三代以内的直系亲属是或曾经是现役军人。

表 3.9　不同家庭涉军背景大学生在综合国防素质得分上的差异

维度	家庭涉军($N=331$)	家庭不涉军($N=985$)	t
国防认知	2.37(0.77)	2.29(0.71)	1.82
国防关注	3.70(0.81)	3.50(0.80)	3.88***
国防兴趣	3.27(0.94)	3.10(0.89)	2.89**
国防身心基础	2.99(0.81)	2.97(0.81)	0.32
国防技能	2.84(1.07)	2.70(0.98)	2.09**
国防价值情感	4.32(0.71)	4.17(0.70)	3.37***
国防行为取向	3.72(0.88)	3.52(0.86)	3.56***
国防个人效能	3.08(0.89)	2.85(0.84)	4.11***
综合国防素质总分	3.19(0.58)	3.04(0.54)	3.93***

六、讨　论

(一)量表的维度结构

本研究发现,普通高校大学生综合国防素质量表共 35 个题项,包含国防认知、国防关注、国防兴趣、国防身心基础、国防技能、国防价值情感、国防行为取向、国防个人效能等 8 个维度。其中,国防认知反映了大学生对国防现象及其规律的认知情况;国防关注反映了大学生对国防活动的关心注意程度;国防兴趣是大学生认识或参与国防活动的心理倾向;国防身心基础反映了大学生从事国防活动的身心健康及体能状况;国防技能是大学生结构化运用知识和经验,完成特定国防活动的能力;国防价值情感反映了大学生对国防活动的态度体验及价值认同;国防行为取向反映了大学生参与国防活动、履行国防义务的行为倾向;国防个人效能是大学生对自身参与国防活动优缺点的主观分析。

与 10 因子理论模型比较,实证检验后的维度结构发生了以下变化:

①"国防健康"与"国防体能"聚合成一个因子,这在理论和经验上可以获得解释:健康状况与体能素质具有强相关的特点①,两者聚合在一起共同反映了被试参与国防活动的身心基础。②"国防核心观念"与"国防情感"聚合成一个因子。对应具体题项发现,"爱国拥军"等国防核心价值同时也是一种正向的国防情感,它们共同反映了被试对国防活动的价值取向和情感认同。③"国防感知"与"国防理论"聚合成一个因子。因为两者尽管在理论上有阶段性、层次性的差异,但可能难以从测量上区分开来。④"宽泛国防行为"分化为"国防关注"和"国防行为倾向"两个因子。因为宽泛国防行为仅仅是"国防关注"和"国防行为取向"两个维度在国防行为层面共享的上位类别,作为应急变量不足以构成一个潜变量②。

(二)量表的测量学指标

在初始量表构建过程中,就题项设计的维度涵盖、语言表达、避免社会期许等内容详细咨询了专家意见,且经过 17 名学生的试测,能较好地保证量表的表面效度与内容效度。探索性因素分析得到的 8 因子模型结构清晰,各题项因素负荷均在 0.62 以上,可解释总体方差的 70.53%。验证性因素分析的结果显示,指标数据符合李玉斌等人提出的 $\chi^2/df \leqslant 3$、$RMSEA < 0.08$、$IFI > 0.9$、$CFI > 0.9$、$TLI > 0.9$、$PNFI > 0.5$、$PGFI > 0.5$ 的要求③,再一次验证了量表结构的稳定性。此外,潜变量平均方差萃取量均大于 0.5,两潜变量平均方差萃取量的平方根均大于各自潜变量的

---

①　Shomaker L B, Tanofsky-Kraff M, Zocca J M, et al. Depressive symptoms and cardiorespiratory fitness in obese adolescents[J]. The Journal of Adolescent Health:Official Publication of the Society for Adolescent Medicine,2012,50(1):87-92.

②　罗伯特·F. 德威利斯. 量表编制:理论与应用(原书第 3 版)[M]. 席仲恩,杜钰,译. 重庆:重庆大学出版社,2016:75-124.

③　李玉斌,苏丹蕊,李秋雨,等. 面向混合学习环境的大学生深度学习量表编制[J]. 电化教育研究,2018(12):94-101.

相关系数,表明量表具有较好的聚敛效度和区分效度[①]。以"国防意识"为校标进行关联效度检验,发现除"国防身心基础"与"国防技能"两个维度外,大学生综合国防素质总分及其他维度与所选校标呈显著正相关。而"国防身心基础""国防技能"两个维度与所选校标相关检验之所以不显著,是因为综合国防素质是一个比国防意识外延更广的概念,其中"国防身心基础"与"国防技能"两个维度就是国防意识无法囊括的内容。就所选校标而言,编制的量表拥有较好的校标效度。今后,随着该领域测量研究的深入和测量工具的发展,应进一步补充更适切的校标进行关联检验。

信度分析结果显示,总量表的 α 系数为 0.93,各维度的 α 系数为 0.76~0.93,符合总量表 α 系数 $\geqslant$0.8、各维度 α 系数 $\geqslant$0.7 的要求[②];量表总体及各维度重测信度为 0.69~0.82,符合重测信度 $\geqslant$0.65 的要求[③]。综上,大学生综合国防素质量表具有较好的信效度,可用于教育教学的质量监测与相关研究。

(三)大学生综合国防素质的实证分析

研究发现,大学生综合国防素质总体均值为 3.18(>3),表明大学生综合国防素质总体处于中等偏上水平;总体标准差为 0.55,表明总体分布比较均匀。国防认知、国防技能、国防个人效能得分均小于3,表明这些维度处于中等偏下水平;国防关注、国防兴趣、国防身心基础、国防价值情感、国防行为取向得分均大于等于3,表明这些维度处于中等或中等偏上水平。

研究还发现,男生在综合国防素质总分和国防认知、国防关注、国防兴

---

① Hair J F,Black W C,Babin B J,et al. Multivariate Data Analysis (7th Edition)[M]. London:Pearson Education Limited,2013:619.

② 吴明隆.问卷统计分析实务:SPSS 操作与应用[M].重庆:重庆大学出版社,2010:178.

③ 简小珠,戴步云.SPSS 23.0 统计分析[M].北京:北京师范大学出版社,2017:218.

趣、国防身心基础、国防技能、国防个人效能维度上的得分显著高于女生。产生这种差异,可能是军事类游戏和玩具在男幼儿性别角色塑造中发挥了作用,导致男生在幼儿时期即产生了有别于女生的与军事、武器等相关联的社会期望。同时,在国防价值情感和国防行为取向两个维度上,女生的得分显著高于男生,这可能正是国民性塑造过程中男性主体责任意识不足、阳刚之气缺乏等问题的具体表征。由于泛娱乐化时代对大众——首要的是对男性——战斗精神的消解[1],以及国际政治斗争中"使对手国家中的男性心理在不知不觉中普遍雌化"的文化战略运用[2],"男性青少年女性化"及其背后深层次的国家责任和尚武精神的缺失,成为国家文化战略和安全战略亟待解决的问题。

对于有无家庭涉军背景的实证研究发现,在综合国防素质总分及国防关注、国防兴趣、国防技能、国防价值情感、国防行为取向、国防个人效能等6个维度上,有家庭涉军背景的大学生均显著高于无涉军背景的大学生,这反映出家庭因素在综合国防素质培育中的重要性,也为我们推进全民国防教育明确了重要的突破口和着力方向。而在国防身心基础和国防认知2个维度上,两者的差异并不显著。产生这种结果,可能是因为与被试有直系亲属关系的"军人",其服役期间常年留营居住,对被试的作息、锻炼等并未产生明显的影响,且由于部队保密性要求,其对被试的国防知识亦并未产生明显的增益效果。它一方面反映了军人奉献国家后在家庭教育方面的缺失,另一方面则提示我们做好军人直系亲属的国防教育是全民国防教育的重要"增长点"。

此外,研究发现大学 1 年级学生在综合国防素质总分和国防身心基础维度上的得分显著高于 2 年级学生;在国防认知和国防技能维度,1 年级学生得分显著高于其他年级。这可能与高校普遍在新生入学前完成集中

---

① 喻晓璐."泛娱乐化":电视文化产业的娱民之殇与突围之路[J].电影评介,2020(12):89-92.
② 张文木.关于甲午战争的大历史总结[J].经济导刊,2014(9):82-88.

军训、在大一阶段完成军事理论教学的教育教学组织特点有关。此外,高中阶段学生有更加规范的作息制度和体育锻炼安排,这种影响可能持续到大一阶段,导致大一学生有更好的国防身心基础。同时,研究还发现 3 年级学生在国防行为取向维度的得分显著高于 2 年级学生,这或与两个年级学生的关注重点和经历阅历不同有关。2 年级学生经历了大一阶段的迷茫后逐步适应,开始将关注重心转移至专业学习,而 3 年级的学生逐步考虑毕业、就业问题,他们日益关注社会并关心自身的社会实践能力,在国防履责的志愿行为上,其意愿往往更为强烈。[1]

---

① 张丽芳.高职大学生国防意识研究:以闽西职业技术学院为例[D].厦门:厦门大学,2014:20-21.

第四章 大学生综合国防素质量表在教育教学中的测评应用

——以军事理论课体验式教学的情感模式为例

自 1985 年普通高校进行军训试点以来,特别是随着《中华人民共和国国防教育法》和国办发〔2001〕48 号文件精神的落实,大学生国防教育进入普及化阶段。经过 20 多年的探索,普通高校大学生国防教育逐步形成了以军事理论教学和军事技能培训为主体(两者统属于"军事课")、以军事(或国家安全)类选修课为补充、以各类国防教育活动为拓展的国防教育模式。其中,军事理论课是普通高校唯一以课程化方式开设的大学生国防教育类课程[1],相比于技能训练以及其他国防体育类、国防庆典类教育活动,它是大学生国防教育的理性升华部分,也是大学生综合国防素质培育的核心渠道和关键课程。以大学生综合国防素质量表为工具,进行相应的教学改革试验研究,是改进教学模式、提升教学质量、进一步挖掘课程育人功能的重要途径。

---

　　[1]　尽管军事技能培训亦属于"军事课"的范畴,但大纲规定用 2～3 周完成训练,与高校其他课程的课时化设置亦有所不同。

第一节　军事理论课的内容体系
　　　与育人特点

　　2019 年 1 月，教育部和中央军委国防动员部联合下发了《普通高等学校军事课教学大纲》(以下简称"新大纲"，以区别于 2002 年颁发的《普通高等学校军事课教学大纲》以及 2006 年对其的修订版)，新大纲明确了军事理论课是大学生的公共必修课，规定课程教学时数 36 学时，记 2 学分。与 2006 年修订版大纲相比，新大纲对课程内容进行了较大调整，调整后的课程功能进一步校准和拓展[①]，育人的特点也更为鲜明。

一、大学生军事理论课的主要内容及其逻辑体系

　　新大纲中军事理论课的教学内容主要包括中国国防、国家安全、军事思想、现代战争和信息化装备等 5 个部分。这 5 个部分的内容有其内部的逻辑关联(见图 4.1)，构成了军事理论教学严密的内容体系。

　　首先，军事理论课探讨的核心问题是国家安全。国家安全问题是军事理论课教学内容的逻辑起点，而课程的其他内容都是在国家安全的关切下及其范畴体系中展开的。这既反映了军事理论课作为国防教育类课程，是

---

　　① 程春，王薇.从普通高校军事课教学大纲改革看军事理论课的功能校准与拓展[J].科教导刊(下旬)，2019(33)：76-77.

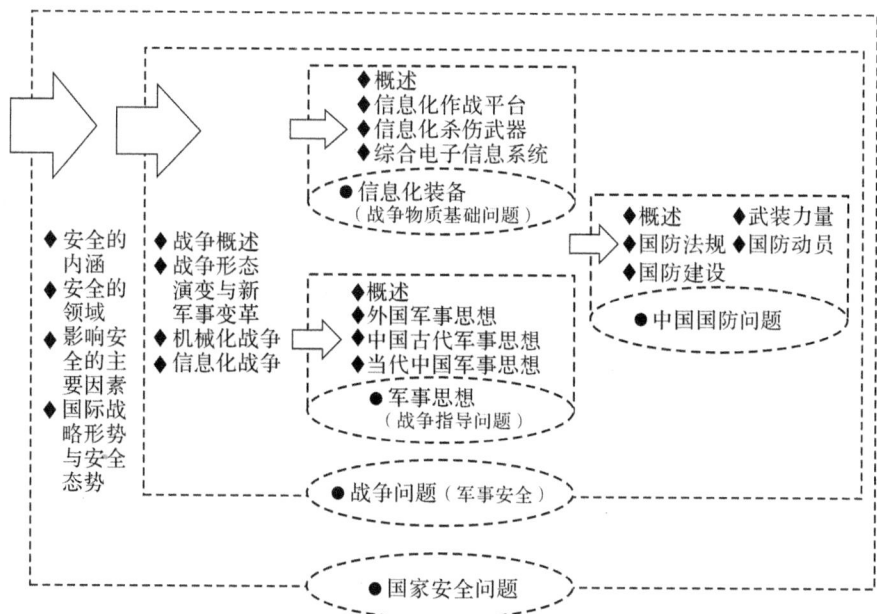

图 4.1　军事理论课的课程内容体系及其内部逻辑

大学生国家安全教育体系的重要组成部分,也表明在各普通高校尚未构建出完备的国家安全课程体系的当下,军事理论课实质上承担着大学生国家安全教育的主要任务。国家安全部分主要探讨国家安全的概念、影响因素、总体国家安全观、国际战略形势与国家安全形势,教学的目的是引导学生更新安全指导观念,提高维护国家安全的责任感,了解世界主要国家的战略动向,提升忧患意识。

其次,战争及其威胁是军事理论课探讨的核心内容。即军事理论课毕竟不是一般的国家安全教育课程,"从军为战"是它的基本属性。体现在教学内容上,它并不是宽泛地讨论国家安全的诸多领域,而主要关注国家的军事安全问题(军事安全指国家不受外部入侵和战争侵略的状态,以及保障这一持续安全状态的能力[①])特别是战争威胁。因此,教学的第二块内

_____

① 张恺,宋玉霞,张新星.居安思危:国家安全教育[M].北京:航空工业出版社,2021:48.

容是战争问题,主要探讨战争的概念与发展历程、新军事变革、机械化战争与信息化战争,教学的核心目的是帮助大学生形成马克思主义的战争观,掌握马克思主义的战争方法论。

再次,信息化装备和军事思想分别是进行现代战争和现代国防的物质基础与理论指导,是军事理论课着重深入探讨的领域。在国防建设与作战实践中,武器装备与理论指导是两个极为重要的方面。其中,武器装备是进行现代战争的重要物质基础,教学的第三块内容即信息化装备,主要探讨信息化的作战平台、杀伤武器和信息系统,目的是让学生了解信息化武器装备和平台的发展现状及趋势,提升其科技强军、学习强国的责任感和使命感;军事思想是进行战争和国防建设的理论指导,是夺取战争胜利和牵引国防建设的重要方面,教学的第四块内容即军事思想,主要包括中国军事思想(中国古代军事思想和当代军事思想)和外国军事思想两方面内容,教学的目的是帮助大学生进一步夯实马克思主义的战争观和战争方法论,特别是理解掌握其最新发展成果——习近平强军思想。

最后,中国国防是军事理论课的根本落脚。了解了战争的本质与发展历程,熟悉掌握了现代战争的武器装备和作战指导,根本上还是要服务于中国的国防和军队建设。因此,军事理论课的最后一块内容是中国国防,主要探讨国防的相关概念、国防法规、国防建设、武装力量和国防动员等,目的是使学生了解我国的国防体制、战略、政策,帮助其树立正确的国防观,激发国防自豪,强化国防自信,提升国防意识。

二、大学生军事理论课的育人特点与潜在优势

大学生军事理论课具有独特的政治属性、战略属性、学科属性、载体属性与理论建构属性,这使其蕴含了与其他课程不一样的育人特点和潜在优势。

第一,课程的政治导向强。军事理论课以"战争"以及与战争内在关联的"军事""国防"问题为核心内容。战争是政治的继续,军事是政治的工具,军事理论课在内容体系和教育重心上坚持以爱国主义为核心引领,以国家防务为主要聚焦,以国家主权统一、领土完整、安全与发展等国家重大利益为价值依归,具有鲜明的国防政治属性,是培育大学生爱国主义精神和思想政治素质的核心课程。

第二,课程的战略攸关大。课程探讨的内容皆是关系国家和民族"死生之地""存亡之道"的大事情,教育青年学生严肃理性地思考这些问题,能有效引导其在"泛娱乐化"时代中寻觅崇高,进而摆脱"娱乐至上"的泥潭,纠正"游戏人生"的心态,涵养"立志出乡、埋骨青山"的报国情怀。

第三,课程的内容涉猎广。课程的内容涵盖了军事学科的主体理论框架和知识体系,涉及军事与政治、人文与自然、历史与时政、技术与方法等多重领域[①],几乎与大学生的所有学科和专业产生关联。这意味着课程中蕴含了大量多学科认知背景的思政元素,不仅为课程思政的多元化、隐性化开展提供了可能,而且为普通高校在无军事学学科支撑的背景下加强课程的融合发展和一体化建设提供了新的着力点。

第四,课程的载体趣味浓。教学内容中既有运筹帷幄、以少胜多的战略谋划,也有狭路相逢、亮剑对决的热血拼杀;既有追溯历史、引人入胜的军史战事,也有武器装备、军事科技的现代元素。浓浓的军味、战味和趣味吸引了一大批被称为"军迷"的群体,这成为军事理论课课程育人的独特魅力所在。

第五,课程的实践指向强。军事学术的研究对象——战争,具有残酷性,其理性思维与逻辑建构因直面生死的检验而不能脱离战争实践太远,因此往往排斥经院式的理论教条而更强调实践的逻辑和"经世致用"的务

---

① 程春,王薇.从普通高校军事课教学大纲改革看军事理论课的功能校准与拓展[J].科教导刊(下旬),2019,(33):76-77.

实精神。一方面,它使课程蕴含了学以致用的价值指向和学风引领的重要功能,这在"毛泽东军事思想""习近平强军思想"等教学内容中有鲜明的体现;另一方面,它是课程实现深层次立德树人的重要体现。

第六,课程的思维方法活。战争的规律具有统计上的"盖然性"特点,战场所有情况都具有不确定性,这使得战争指导十分强调"兵无常势,水无常形"的创新思维,特别突出"将不确定性留给对方,将确定性留给自己"的底线思维。此外,军事理论课的内容体系中还蕴含着丰富的战略思维、辩证思维、诡诈思维、法治思维等思维元素,掌握这些蕴藏科学认识论与方法论思考的思维方法,不仅能形成对国防和军事问题的科学认知,而且因思维方法处于认知系统的上位,有利于促成对其他领域学习的迁移。春秋末期孙武撰写的《孙子兵法》被世人称为"一代奇书",展示出对各行各业的广泛指导价值,原因亦在于此。

第二节　大学生军事理论教学中的
　　　　　矛盾与应对

大学生军事理论课的育人特点及其优势仅仅是可能的、潜在的。现实中,受制于主客观诸方面因素,其应有的育人效果并未有效彰显。

一、大学生军事理论教学中的现实矛盾问题

(一)客观上,理论问题与现实环境的相对疏离,制约了课程建设质量与教育教学的效果

军事系统具有保密性的要求,军旅、军营、军队、军事等远离普通民众的生活,这在军事理论课课程建设和教学上至少带来了两个方面的不利影响。一方面,普通高校普遍缺乏军事学学科建设的土壤。由于历史渊源及高校专业调整等,目前各普通高校军事理论教学机构的隶属关系差异巨大,有的隶属于学工部门(或与学工部合署的武装部),有的隶属于保卫部或公体部,还有的隶属于二级学院(主要有马克思主义学院、教育学院、人文学院、经济学院等)。因学科归属不明确,军事理论课在经过了较长时间的课程化发展后,迟难向学科化发展迈进,并日益暴露出专业教师难引进、教师发展通道不畅、课程所依赖的基础理论发展不前、教师科研困难重重

等诸多关联性问题,课程建设后继乏力。另一方面,军事系统与普通人的相对隔离,使学生难以亲身接触军事环境,无法直接占领鲜活的感性材料,他们既有感知不足、体验不深的问题在抽象的理论教学中更加凸显。对于前一个问题,需要学科创生的艰难积累以及国家有关部门的顶层规划与政策支持;对于后一个问题,则需要、也可以从课程教学层面予以弥合和解决。

(二)主观上,受市场逻辑下的就业牵引,学生对课程的功利化倾向凸显

受人力资本理论的牵引,教育满足市场繁荣的动力机制得以强化,高等教育的市场逻辑日益凸显,大学育人的理念与模式随之发生了深刻变化。市场对劳动力的需求既改变了高校的专业设置与培养方案,同时也深刻影响了学生对课程的态度与行为选择。受就业牵引,学生重个人需要轻国家需要、重专业课轻通识课的功利化倾向明显,表现在军事理论教学中,学分驱动成为学生参与教学的主要动机,教育教学的指令性要求(即军事理论课是《中华人民共和国国防法》《中华人民共和国兵役法》《中华人民共和国国防教育法》等国家多部法律法规赋予高等学校的职责要求)与学生学习内生动力不足的矛盾日益突出。

以上两个方面的因素,与师资水平、教材质量、授课方式、考核评价等方面的问题叠加,交织演变成大学生对课程"兴趣不浓、情感不深、参与不多"这一核心问题的集中表达。教育教学如何弥合理论问题与现实环境的疏离,教学设计如何进一步激发学生的内生动力,理论授课如何进一步彰显立德树人的教育效果,成为课程建设与教学改革亟待解决的问题。

二、教育教学改革类研究的回应与不足

　　针对以上问题,学者和一线教师从师资力量的培养与拓展、教学内容的选择与丰富、教学模式的改革与完善、教学资源的接入与整合、教学评价的构建与完善等方面给予了积极回应。

(一)关于师资力量的培养与拓展

　　学者普遍认为,军事教学的专业化建设有赖于培养一支稳定的、高素质的专职军事教师队伍。其中,宋逸成、李有祥与徐东波分析了当下军事教师培训制度、培训模式存在的问题,认为主要有培训理念有待提升、培训督导不够系统、培训总结存在虚化等问题,并从更新培训观念、捋顺督评体系、完善反馈机制三个方面提出了具体的改进建议[①];陈文彬、陈艳波提出,为促进高校国防教育教师专业化成长,应明确标准导向、完善培训制度、合理匹配梯度、提高教师待遇、加强学科发展规划与职业发展规划[②]。文玉萍则从教学共同体建设的视角,提出可依托教研室新老教师"一帮一"结对子的方法加强专职师资的培养[③];朱智、刘杭军提出,军事理论课教师在军队派遣军官和高校专兼职教师多元共存的情况下,可安排高校专兼职教师到派遣军官课堂随堂听课的方式提高其授课艺术[④];胡勇胜提出,为提升普通高校国防教育教师的专业素质,各高校要依据教师的类型(如招聘引进型、留校分流型、军转安置型、兼职混合型)进行分类管理,并出台有

---

　　① 宋逸成,李有祥,徐东波.普通高校军事教师培训制度改革与建设[J].江苏社会科学,2011(S1):151-154.

　　② 陈文彬,陈艳波.高校国防教育教师成长的困扰与对策[J].中国成人教育,2012(19):29-31.

　　③ 文玉萍.高职高专军事理论教师队伍的建设[J].继续教育研究,2009(6):116-117.

　　④ 朱智,刘杭军.浅谈军事理论课的授课艺术[J].东南大学学报(哲学社会科学版),2006(S2):220-221.

针对性的管理和保障措施[1]。

关于教学主体的拓展,有学者关注到退役大学生士兵这一特殊群体在大学生国防教育中的潜在价值,提出应把优秀大学生士兵纳入军事教师培养的潜在群体[2];还有学者基于军事理论课与思想政治理论课教学目标的一致性、教学内容的关联性、教学方式的同质性,认为军事教师培养要与思想政治理论教师的培养相互补充、融合发展[3]。

以上关于教学主体的培养与拓展,抓住了教师发展这一课程建设的"牛鼻子",具有重要的理论指导和实践应用价值。但是,因为涉军涉战,军事课教师的培育与拓展需国家顶层规划下的军地联动,很难在学校教学层面予以纾解。

(二)关于教学内容的选择与丰富

学者与一线教师普遍认为,教学内容的选择与丰富是提高学生学习兴趣的重要途径。其中,吴倩倩提出,军事教学的内容要紧跟形势、瞄准前沿,要根据学生专业背景适度拓宽,要加强军史战史学习,做到以史为鉴[4];李宏认为,军事理论课的内容要加强与思政课、专业课的对接,在学生已知与课程待授之间找准联系点[5];朱智、刘杭军认为,军事理论课课时有限,内容选取上要突出重点、详略得当,而把握的尺度则要根据不同内

---

① 胡勇胜.军事教师队伍:新时期高校国防教育的突破口[J].学理论,2013(36):344-346.

② 韦绪任,韩康.退伍大学生优势视角下地方高校军事理论课教学改革研究[J].旅游纵览(下半月),2019(6):226-227.

③ 丁建安.高校军事理论课与思想政治教育课的关系整合研究[J].中国劳动关系学院学报,2016(1):108-111.

④ 吴倩倩.浅谈军事理论课课程思政实践[J].湖北经济学院学报(人文社会科学版),2021(5):152-154.

⑤ 李宏.提升高校军事理论课教学实效性的对策分析及其实践教学模式构建探索[J].中国校外教育,2019(15):127-128.

容、教学目的和不同类型学生的学习需求进一步分析①。这些研究观照了军事理论课的特点,突出了学生需求,对于教育教学改革具有启发作用。不过,相关研究大多仅提出了"概率瞄准"性质的指导性意见,尚缺乏更为系统和细致的研究;并且教学内容与教学方法是紧密联系的,因此,针对教学内容的教学改革尚需要结合一定的教学方法进行。

(三)关于教学模式的改革与完善

学者普遍认为,当前军事理论课教学方式传统、手段单一,教学效果不佳。据此,不少学者和一线教师提出了多种教学方法的改革。其中,有不少研究探讨了慕课等在线课程在军事课的应用问题。如,张晓、薛希龙关注到慕课的大规模特征对军事专职教师不足问题的舒缓、合作共享的模式对教学资源不足的弥合、翻转课堂的功能对教学角色的调整,但同时指出了慕课建设中资源共享不够、教师教学能力不强等突出问题②;李净雅探讨了翻转课堂教学模式在军事理论课中的应用,并以齐齐哈尔医学院2000名学生为被试进行调研,发现翻转课堂教学模式在军事理论教学中达到了预期的目的,但亦暴露出教学引导监督不足、教师知识储备不够、教学反馈机制不健全等问题③;还有研究探讨了包含慕课、线上互动、课堂教学以及社会实践四部分在内的混合式教学在军事理论课中的应用策略④。

而更多的研究共通地探讨了体验性教学、实践性教学在军事理论课中的应用。其中,余爱明等人认为军事理论课的实践性教学提高了学生的参

---

① 朱智,刘杭军.浅谈军事理论课的授课艺术[J].东南大学学报(哲学社会科学版),2006(S2):220-221.

② 张晓,薛希龙."慕课"形式下高校军事理论课教学改革的思考[J].教育现代化,2018(6):101-102.

③ 李净雅.翻转课堂教学模式在高校军事理论课教学中的应用研究:以齐齐哈尔医学院为例[J].理论观察,2021(5):156-158.

④ 王进.《军事理论》课的混合式教学模式构建研究:"课程思政"视角下[J].学理论,2018(11):211-213;陈雯.混合式教学在军事理论的应用[J].中国军转民,2021(18):73-74.

与度和获得感,更利于有效达成课程目标,为此,他们还提出了实践性教学的4种主要方法,即情景沉浸式教学、基于案例研究的探究式教学、基于战例研究的推演式教学、专题研讨式教学[①];胡勇胜初步探讨了军事理论课体验式教学的载体、方法、程序[②];吴倩倩认为军事理论课可综合使用目标任务式教学、问题式教学、案例式教学、实践性教学、谈话式教学等方法[③];陆海燕探讨了军事理论课体验式教学在课堂、校园和社会三类场景中的应用[④];李科围绕军事理论课课程思政建设,提出在不同教学内容中综合使用情境模拟法、角色互动法、视频教学法、小组讨论法等教学方法[⑤]。

以上研究重点围绕技术赋能、方式方法两个方面,从教学模式层面探讨了课程改革的方向与路径,对解决教育教学中的诸多问题均具有较强的针对性。慕课等在线课程的建设一定程度上缓解了各普通高校专职军事教师不足的问题,有利于优秀课程资源在全国范围内的共享共建,且现代数字技术为教育测量、教育分析、教育评价,进而为教育教学改革提供了广阔的空间,但在线课程的内容质量不高、教学设计不足、监督管理不力等方面问题制约了教育教学的质量,而其中内容质量、教学设计等方面的问题本质上还是线下教学问题的迁移和延伸。因此,军事理论课的线上教学改革还应回归到"对线下教学优势的重要推动,使线下教学在内容和形式上在网络空间得以延展""对线下教学缺点的重要改进,使网络及其技术资源优势不断地转化为军事课教学优势"[⑥]的补充地位,两者虽然可以同步推

① 余爱明,朱鹏飞,周姚.高校军事理论课实践性教学探析[J].东南大学学报(哲学社会科学版),2021(S1):131-134.

② 胡勇胜.浅论高校军事理论课体验式教学模式的构建[J].文教资料,2019(6):177-178.

③ 吴倩倩.浅谈军事理论课课程思政实践[J].湖北经济学院学报(人文社会科学版),2021(5):152-154.

④ 陆海燕.体验式教学在军事理论课中的应用探析[J].学理论,2016(11):227-229.

⑤ 李科.高校军事理论课课程思政教学体系探析[J].航海教育研究,2021(4):23-27.

⑥ 李萌欣,吕建平.推进高校军事课程线上教学改革的路径探析[J].学校党建与思想教育,2022(3):70-72.

进,但线下教学矛盾的解决具有基础性、前提性地位。此外,大量的研究提出了军事理论课的体验式教学、实践性教学和情境化教学问题,认为体验式教学(或实践性教学)以其独有的亲历性、形象性、参与性特点,补充了学生的感性认识,调整了教与学的角色定位,对课程既有问题的解决具有较强的针对性。这些研究为军事理论课教学改革提供了方向指引,不过对这一模式的开展尚缺乏深入细致的探讨,还没有形成适合军事理论课课程特点、有利于解决当前教育教学问题的具体教学模式。

(四)关于教学资源的接入与整合

学者关注到学科特殊性导致的教育教学资源缺乏和利用不足等问题,并提出了教学资源接入与整合的多种路径。相关研究主要探讨了教育教学资源的校内融合和校外融合两个方面。如,有研究基于普通高校国防教育与大学生思想政治教育在目标、内涵、方法的相似性与互补性,提出两者校内融合发展的对策[1];韩康进一步提出了两种学科在师资、课程结构、知识体系、管理体系等方面的整合[2];刘笑语认为可依托"课程思政"平台加强教师培训、教学大纲优化等资源建设[3];徐东波提出,应视教育为国防的第一道防线,在总体国家安全观的大视野中开设国防教育类讲座、国防教育选修课甚至专业课,以吸纳整合其他专业课程的国防教育资源[4];郑森文等提出,借力红色教育资源,盘活高校国防教育,这涉及校外国防教育资源的整合[5]。此外,李峻峰和李军还探讨了教育教学资源整合不够的主客

---

① 许昌斌,符兴于,钟清云.新时代高校思想政治教育和国防教育融合发展的对策和实践[J].绥化学院学报,2020(9):117-119.

② 韩康.基于整合高校国防教育与思想政治教育资源的思考[J].党史博采(下),2021(4):59-61.

③ 刘笑语."课程思政"引领下高校国防教育课程建设研究[D].南京:东南大学,2020:22.

④ 徐东波.总体国家安全观视野下高校国防教育的问题及对策[D].厦门:厦门大学,2018:41-51.

⑤ 郑森文,张雅博,汤明月,等.借力红色教育资源,盘活高校国防教育[J].教育现代化,2017(12):179-180.

观原因,并从思想观念、体制机制、网络平台开发等方面提出了改进建议①。这些研究以学科化发展受限背景下国防教育教学资源不足的问题为导向,为军事理论课教学质量提升找到了新的着力点。不过,教学资源的接入与整合仅仅是课程体系建设的一个方面,其开展需与教学内容、教学模式、教学评价等诸方面协同推进,而对于这一方面,尚缺乏更深入细致的研究。

(五)关于教育教学评价的构建与完善

相关研究普遍认为,国防教育教学评价是保障课程质量的重要手段,并对评价的原则、程序、指标体系构建进行了较深入的探讨。其中,迟仁成初步从总体上探讨了国防教育评价的意义、原则、程序以及指标体系构建的方法②;胡勇胜构建了包含组织管理、国防教育教学、军事技能训练、国防教育管理4个一级指标和18个二级指标的普通高校国防教育工作评价指标体系③;张美纪从评价主体、评价指标、评价方法三个方面探讨了普通高校国防教育课程评价体系的构建④;赵伦芬、赫崇飞和王继辉从评价主体、评价客体、评价方法三个方面探讨了国防教育教师的评价体系构建⑤;钱津津基于在校大学生国防教育活动方式与途径,采用层次分析法(AHP)和模糊综合分析法(FCEM)构建了包含课堂、社区、社团、网络4个一级指标和12个二级指标的国防教育实效评价指标体系⑥;王红星对江苏省普通高校国防教育评价指标体系进行研究,指出其存在指标内涵生态

① 李峻峰,李军.普通高等学校国防教育资源整合限制性因素探析[J].毕节学院学报,2010(9):102-106.

② 迟仁成.高校国防教育评价初探[J].航海教育研究,1994(1):21-23.

③ 胡勇胜.论高校国防教育的评价指标体系[J].湖南科技学院学报,2008(1):205-207.

④ 张美纪.普通高校国防教育课程评价体系探究[J].中国成人教育,2014(20):159-161.

⑤ 赵伦芬,赫崇飞,王继辉.广东省国防教育师资评价体系刍议[J].延边教育学院学报,2017(3):68-71.

⑥ 钱津津.基于AHP-FCEM高校国防教育实效评价体系研究[J].浙江理工大学学报(社会科学版),2016(6):590-594.

性不够丰富、发展性不够突出、指标体系未分类建立等问题,并提出了对策建议[①];刘淋淋分析了军事理论课课程评价的应然追求与实然状态,并从高校分类、指标分类、评价分层三个方面探讨了如何构建具有实践意义的军事理论课课程评价指标体系[②]。以上研究为普通高校国防教育评价体系构建,尤其是军事理论课程评价指标体系构建进行了理论准备。以此为基础,教育部、中央军委国防动员部于 2019 年 9 月联合下发了《普通高等学校军事课建设标准》,构建了较为严密、系统、权威的国防教育课程建设标准及评价指标体系,开启了国防教育课程评价规范化、法治化、常态化展开的新阶段。遗憾的是,继新大纲明确了课程"提高学生综合国防素质"的目标向度后,其在《普通高等学校军事课建设标准》的 5 个一级指标中并没有较好的体现,这严重影响了教育评价的可靠性和有效性。课程与教学评价亟待涵纳以"综合国防素质"测评为基础的国防教育成效评价指标的相关维度。

综上,相关研究围绕课程与教学改革的诸多方面进行了系列探索,以破解军事理论课的现实矛盾与问题。尽管很多方面仍有待深入探讨,但其为教育教学改革做了一定的理论准备。在相关研究中,学者与一线教师把主要的关注点放在教师可以灵活调控的教学模式和教学方法上,这反映了务实的学风和工作作风。在军事理论课诸多教学模式中,探讨最多的又是体验式教学(实践式教学),学者普遍认为军事理论课适合开展体验式教学,且该教学模式对军事理论课既有问题的解决具有较强的针对性,这为教育教学改革提供了路径牵引。当下,综合考虑军事理论课教学特点和既有教学问题的解决,设计开发有利于达成教育教学目标的体验式教学新模式,是提升大学生军事理论教学效率和效果的重要生发点。

---

①　王红星.江苏省普通高校国防教育评价指标体系完善研究[D].桂林:广西师范大学,2014:13-30.

②　刘淋淋.普通高校军事理论课程评价研究[D].厦门:厦门大学,2019:33-111.

第三节 体验式教学的情感模式：
军事理论课教学设计的新视角

任何教学模式都有其特定的时代背景及其所要解决的教育教学问题，并与某种特定的教学目标相联系。体验式教学的情感模式是在军事理论课立德树人的应能与实能之间形成张力的背景下，面对学生"兴趣不浓、情感不深、参与不够"的现实困境，以促进学生的体验生成为目的，以最大限度发挥体验式教学中情感因素的优化作用为途径，并实现集知识建构、情感生成、意义发现与价值提升于一体的一种教学模式，它对教学问题的"治愈"、教学目标的达成具有重要的价值。

一、何谓"体验式教学的情感模式"

体验式教学的情感模式属于体验式教学组织框架的一种。目前，学界对体验式教学的概念尚未达成一致的认识，比如，有学者认为，体验式教学是一种以人的生命发展为依归的教学，它尊重生命、关怀生命，拓展生命、提升生命，蕴含着高度的生命价值与意义，它关心的不仅是人可以经由教学而获得多少知识、认识多少事物，更在于人的生命意义可以由教学而获得彰显和扩展。① 这一概念界定凸显了体验对人的生命价值的意义,反映了人本主义教育观对整全的人的生命的持续关注。赵晓晖提出,体验式教学即教师通过精心设计的活动让学生体验或者对过去经验进行再体验,引导体验者审视自己的体验,积累积极正面的体验,达到对对象本性或内蕴的一种直觉的、明澈的透察,使心智得到改善与建设的一种教学方式。这一概念界定关注到体验的自明性、直观性,强调体验式教学的重心是设计各种教育性活动引导学生参与并积累体验。② 焦立梅认为,体验式教学是以培养学生学会学习、健康生活、责任担当、实践创新等核心素养为目标,以提升学生关键能力为导向,以营造和谐教学氛围、培养学生积极情感态度为主要特点,以学生自我体验、自我感悟、自我成长为主要学习方式的一种教学方法。③ 这一概念界定认为体验式教学暗合了核心素养培育的要求,且具有情感生发性的特点,它在教学上仍强调以引导学生进行自我体验为关键。对体验式教学概念界定的差异源自各自的理论视角、实践着眼、课程或学科等方面的差异性,不过,综合大部分概念界定,不难发现其大致有两个方面的共同着眼:一方面,体验式教学以引发、深化学生特定的学习体验为教学重心和前提,认为"教育的意义在于帮助受教育者生成体验并提升其体验的品质"④。不过,在实现这一宗旨的路径上产生了各具特色的教学模式。例如,王世安针对中学道德与法制课程而构建的包含建立、思悟、归纳、迁移四个环节的体验式教学模式,遵循的是情境激活、实践反思、思维构建、迁移升华的体验生发路径⑤;胡小丽针对高中思想政治课构建的包含情景导入、提问思考、分享总结、投入实践四个环节的体验式教

①　辛继湘.体验教学研究[M].长沙:湖南大学出版社,2005:21.
②　赵晓晖.体验式教学在德育教学工作中的借鉴教育管理[J].企业家天地(下半月刊)理论版,2008(11):85-86.
③　焦立梅.例说体验式教学的实现路径[J].中学政治教学参考,2021(46):23-25.
④　高伟.体验:教育哲学新的生长点[J].湖南师范大学教育科学学报,2003(4):3-8.
⑤　王世安.体验式教学的实践路径[J].中学政治教学参考,2021(22):20-21.

学模式,增设了"问题提出"环节,强调合适的问题对学生体验生发的教学价值[1];田国秀和刘荣敏构建的包含创设情境、问题导入、交流反思、反馈评价四个环节的体验式教学模式,则在情境、问题、交流、实践等教学环节之外增加了反馈评价,强调其对学生体验引导上的教育功能[2];浙江大学管理学教研中心探索构建的包含明确目标、转变角色、落实体验、提供指导、总结反思五个环节的体验式教学模式,相较而言更重视师生交往关系的构建和共同教学目标的达成[3]。另一方面,体验式教学以弥合教学鸿沟、统整感性与理性、促进情知和谐、追求知行合一为目标指向。由于体验具有亲历性、自主性、个体性、内生性、整体性、生命同在性等特点[4],以引发和深化学生的学习体验为重心的体验式教学纠正了传统师生交往关系的痯症,调动主体全身心参与,贯通主体内化和外化的双向机制[5],从而内合了课程综合性素养培育的要求。

尽管体验式教学中"主体总是从自己命运与遭遇,从内心的全部情感积累和先在感受出发去体验和揭示生命的意蕴"[6],即体验式教学模式具有内生性情感性特征,它较认知主义的教学模式有其天然的情感活性。然而,特定的课程,由于其主要教学目标的差异性,对体验生发方向与路径的教学设计仍有较大差异。庞维国根据学习目标的差异性,将体验式学习区分为认知体验式、情感体验式、行动体验式[7]三种不同形态[8],并指出体验

①　胡小丽.体验式教学在高中思想政治课中的运用研究[D].武汉:华中师范大学,2021:12.

②　田国秀,刘荣敏.体验式学习:中学思想政治课情感目标实现的流程设计[J].当代教育科学,2012(4):13-15.

③　邢以群,鲁柏祥,施杰,等.以学生为主体的体验式教学模式探索:从知识到智慧[J].高等工程教育研究,2016(5):122-128.

④　辛继湘.体验教学研究[M].长沙:湖南大学出版社,2005:16-19.

⑤　内化指的是学习者内部心理结构发生变化,外化则是学习者外部行为表现发生变化。

⑥　童庆炳.现代心理美学[M].北京:中国社会科学出版社,1993:51.

⑦　认知体验式学习以获得第一手知识、技能和认知体验为主要学习目标;情感体验式学习以加深情感体验,形成特定态度为主要学习目标;行动体验式学习以获得技能与行为经验为主要学习目标。

⑧　庞维国.论体验式学习[J].全球教育展望,2011(6):9-15.

式教学作为满足学生体验式学习的需要、促进体验式学习而进行的教学活动，亦可以根据预设的主要教学目标及促进学生体验式学习种类的差异，区分为认知体验式教学、情感体验式教学和行为体验式教学三种。其中，认知体验式教学即以促进学生认知体验式学习、帮助其获取第一手知识、技能和认知体验为主要教学目标，如基于组织心理学家库伯（David Kolb）的体验式学习循环模型而建构的体验式教学模式大多属于此类；情感体验式教学以促进学生情感体验式学习、帮助其加深情感体验并形成特定的态度和价值观为主要教学目标，李秀伟的情境体验教学[①]、焦立梅的体验式教学路径[②]等属于此类；行动体验式教学以促进学生行动体验式学习、帮助其获得技能与行为经验为主要教学目标，军事院校部分军事技能类课程采用了这种教学模式。

本研究采用的"体验式教学的情感模式"，是一种凸显情感体验及其积极作用的教学组织框架，它综合吸收了认知体验式教学与情感体验式教学对情感生发的教学设计方法。根据卢家楣的情感教学心理学理论，伴随着认知信息的传递，教学中的情感交流主要有三条回路：一是伴随认知信息传递的顺逆状况所产生的师生情感交流回路；二是伴随认知信息传递，师生交流蕴含在教材内容中的情感因素所形成的回路；三是伴随认知信息传递，师生基本情绪状态的交流回路[③]。传统的情感体验式教学主要关注蕴藏在教材内容中的情感体验及其生发路径，以及当时师生的基本情绪状态，而对师生认知信息交互顺逆状况产生的情感反应（主要表现为学生认知发展部分的理智感、确认感、信念感以及教师教学的成就感）关注不多。也就是说，它忽视了体验式教学中信息传递顺遂产生的积极情感能够扩展

---

① 李秀伟.唤醒情感[M].济南：山东教育出版社，2007：166.
② 焦立梅.例说体验式教学的实现路径[J].中学政治教学参考，2021(46)：23-25.
③ 卢家楣.情感教学心理学[M].上海：上海教育出版社，2000：75-78.

个人瞬时的知性能力①进而优化教学效果的动力性功能;而传统的认知体验式教学在教学设计上关注学生认知的发展及与认知发展的顺逆相关的师生情感的满足,对情感学习通达价值观方面缺乏足够的设计与思考。本研究将其命名为体验式教学的情感模式,它以情感优化整个体验式教学的流程,并力图兼顾学生情感体验的目的性与动力性。一方面,它突出与教学内容相关的情感体验和积累,试图在教学设计层面实现通达态度和价值观学习的目标;另一方面,它重视与认知学习顺逆状况相关的情感反应,强调发挥体验在理论教学中的作用,培养积极的学习情绪、情感,并以此优化理性生成的路径。

二、军事理论课为何采用体验式教学的情感模式

(一)教学既有问题的"治愈"良方

如前所述,受主客观因素的影响,大学生对军事理论课"兴趣不浓、情感不深、参与不够"的问题严重制约了军事理论教育教学的效果。体验式教学以其独有的多元性、整合性、内发性、超越性、动力性特点,对既有教学问题的"治愈"具有较强的针对性。

一方面,体验式教学具有多元性、整体性的特点。多元性是指学生学习体验的内容既包括感性认识,也包括提炼、归纳、演绎、反思等理性思维的锻炼;既包括直接经验的生发,也包含间接经验的吸收;既包括"以身体之"的亲历,也包括"以脑思之"的经验和"以情感之"的体验;既包括公共化的知识,也包括个性化的认知及独特的意义建构。整体性则是指以上多元的内容不是简单的相加,它是互相交织的有机整合,也是水到渠成的内化

---

① Fredrickson B L. The role of positive emotions in positive psychology:The broaden-and-build theory of positive emotions[J]. American Psychologist,2004,359(1449):1367-1377.

升华,它以整全的形态与学生相遇,符合学生学习中的立体多维需要。

　　另一方面,体验式教学具有内发性、超越性、动力性的特点。体验式教学的内发性是指学习体验不是外部向主体强加的,而是主体在亲历过程中与环境之间自发的双向建构,是一种与生命、生存相联系的内在行为[①],它伴生着主体对生命、生活、人生独有的感悟;体验式教学的超越性和动力性则是指,教学中学习主体的亲历体验,不是简单的感官知觉上形成认知的过程和结果(我们称之为"经验过程"或"经验"),而是在这一过程中发现知识与自身的意义关联,并形成特定情感与意志的行为,是超越了经验层面的意义建构与自我实现。

　　体验式教学的情感模式更加关注学习体验中的情感需要和情感价值观生成,它不仅具备了一般体验式教学的多元性、整体性、内发性、超越性、动力性特点,而且有意放大了情绪情感的动力性功能和整合性作用,在补充学生必备的感性认识、调整教与学的角色定位的同时,关注学习中的情感需要与动力机制,提升了生命的意义境界,是解决教学问题的有益探索。

(二)课程育人优势的有效彰显

　　体验式教学的情感模式,之所以契合军事理论课教学改革的需要,还在于其内合了课程的育人特点,有利于将课程育人的潜在优势转化为现实优势。

　　首先,这种教学模式有利于培育学生的政治素养与家国情怀。鲜明的国防政治属性和战略属性,是军事理论课有别于大学生立德树人教育体系其他课程的显著特点,也是其培育学生的政治素养与家国情怀的独特优势所在。但这仅是事物的一个方面,作为事物否定自身的另一个方面,这种属性也造成了学生对课程内容的陌生与疏离。如何架起国与家的桥梁,弥

---

①　陈亮.体验式教学设计研究[D].重庆:西南大学,2008:14.

合个人生活同政治军事的陌生与疏离,是课程育人亟待解决的关键性问题。体验式教学的情感模式,以其独有的个性化、亲历性、多元化、整合性的特点,很好地解决了这一难题。它将抽象的公共理论及其蕴含的政治立场、政治观点与家国情怀"过滤"生长为蕴含个体经验与情感的个性化理论和个性化人格,因为是个性化的,所以是活化的、饱满的、内生的、整全的。

其次,这种教学模式有利于培育成功智力。成功智力理论是斯滕伯格(Robert J. Sternberg)基于传统智力内涵的局限性、呆滞性以及其引发的智育目标与方式的褊狭,以一般人达成自己现实生活中理想目标为导向对智力理论进行的扩充和调整。根据其智力的三元结构,成功智力包括分析性智力(analytical intelligence)、创造性智力(creative intelligence)和实践性智力(practical intelligence)三个方面,而成功智力是这三者均衡发展、协调互动中表现出来的综合效能。[①] 斯滕伯格认为,知道什么时候以何种方式运用成功智力的三个方面,要比仅仅具有这三个方面的素质更重要。[②] 三者中,分析性智力指的是主体有意识地规定心理活动的方向,以发现并有效解决问题,它包含了学业智力的主要内容,但比其外延更为宽泛,主要包括提前察觉问题、定义并确认问题、制定解题策略、准确表征信息、合理分配资源、监控与纠错等;创造性智力是指超越了已知知识和信息而产生出新异独特思想的能力,斯滕伯格将其称为"找对问题"的能力;实践性智力是指主体将抽象的思想以行之有效的方法转换为实践和实际成果的能力,它从日常经验中获得并用于解决实际问题。对于分析性智力,斯滕伯格在特别强调元认知能力对智力的影响之外,还突出个性、动机等被传统智力测验称为"非智力因素"部分的突出作用,而体验式教学的情感模式在凸显情感智力的动力作用上具有独特性。对于创新性智力,斯滕伯格发现传统思维与新异思维之间来回转换的能力特别能预测创造性智力,

---

① 高岩,王久华.成功智力:智力研究的新视角[J].教育探索,2001(8):37-38.
② R.J.斯腾伯格.成功智力[M].吴国宏,钱文,译.上海:华东师范大学出版社,1999:116.

军事理论课的思维训练恰恰震荡于两者之间。作为理论性课程,它探讨战争、军事、国防领域的一般性、确定性理论原则,但由于战争的盖然性,课程中又特别强调实际战场"胜战不复"的不确定特点,故又突出批判性、新异性思维的锻炼;不过,学生在学习中缺乏的并非批判性和新异性思维,而是真实情境的"问题"对这两类思维的转换训练,以及这些问题引发的兴趣与渴望,体验式教学的情感模式通过真实情境的问题来调动情绪和情感的方法恰恰能弥补这一不足。对于实践性智力,斯滕伯格认为隐性知识的多少是衡量实践智慧的核心所在,而隐性知识的来源是情境性的经验,体验式教学的情境性设置亦能对此有所助益。总之,体验式教学的情感模式,引导学生在体验中发现问题、生发情感、增长智慧,是军事理论课有利于成功智力培育的较佳途径。

最后,这种教学模式有利于释放课程育人的原生动力。课程育人的原生动力来自课程的特质及其对学生的持续吸引。一方面,军事理论课的教学内容与学生的专业具有较强的关联,体验教学因而具备了活化既有专业学习体验的基础,并具备了生发最近发展区的前提,这为教育教学的下一步展开并取得实效塑造了育人"势能";另一方面,军事理论课天然蕴藏了大量能引发学生惊奇感、趣味性的教学内容和符合学生认知、审美、道德、人际需求的情感性元素,采用军事理论课的情感模式,有利于发挥这些情感因素在教学中的动力、感染、迁移功能,高效实现教学目标。

(三)教学目标的牵引与课程思政建设的客观要求

教学目标实现的效果、效率是教学模式改革的指挥棒。自综合国防素质概念提出,特别是新大纲明确了"提高学生综合国防素质"的教学目标后,综合国防素质的培育状况成为评价军事理论课育人效率、效果的核心指标。作为主体内在规定性中与国防相关要素的总和,大学生综合国防素质涵盖了身心基础、国防认知、国防兴趣、国防价值情感、国防关注、国防个人效能、国防行为取向等诸多方面。既有课堂教学模式多关注国防认知目标的实现,对教学中的其他目标的企及亦主要依托理论认知和逻辑建构的路径。由于忽视了综合国防素质目标中的国防兴趣、国防价值情感等情感类目标和国防关注、国防行为取向等行为类目标,忽视了情感因素对认知学习的"纠缠"效应,以及逻辑—认知的方法实现这两类目标的局限性,必然削弱教育教学的效果,难以通达综合国防素质全面培育的要求。

此外,课程思想政治建设对军事理论课教学模式改革提出了新的要求。习近平总书记在全国高校思想政治工作会议上强调,思想政治理论课以外的其他各门课,"要守好一段渠、种好责任田,使各类课程与思想政治理论课同向同行,形成协同效应"①。这对军事理论课发挥思想政治教育功能提出了更高的要求:一方面,需要通过结构化的教学使大学生掌握基本的军事理论知识;另一方面且也是更为重要的是,通过教学培养大学生对中国国防和军队建设的认同感、自豪感、责任感与使命感,提升大学生自觉服务强军实践、参与军民融合战略的意愿。

体验式教学的情感模式兼顾了情绪、情感作为学习动力的手段性与作为教学预期结果的目标性之间的统一。一方面,它以人的学习是认知与情感的混合态为出发点,将情绪、情感作为学习认知的动力与调节因素,有利于提升学生在认知学习上的效率效果;另一方面,它将生成特定的国防情感与价值观作为课程预达成的目标,让学生在亲历性体验中培育情感、升华情操,是落实新大纲教学、实现立德树人根本目标的现实举措。

---

① 习近平:把思想政治工作贯穿教育教学全过程开创我国高等教育事业发展新局面[N].人民日报,2016-12-09.

第四节 体验式教学的情感模式的理论基础、设计逻辑与基本内容

体验式教学的情感模式综合吸收了体验式教学理论、情感教育理论和情感教学心理学理论等对"人的存在与发展""教育教学""学习体验""知识生成"诸问题的结构化理解,并以此为内核渗透于教学的各个元素和诸多环节,力求解决教育教学中的突出问题。

一、军事理论课体验式教学情感模式的理论基础

(一)体验式教学理论

体验式教学理论发展经过了漫长的发展阶段。中国古代教育中就蕴含着丰富的体验式教学的思维理念。先秦时期,孔子就提出"不观高崖,何以知颠坠之患? 不临深泉,何以知没溺之患? 不观巨海,何以知风波之患"[①],强调知识生成中的生活体验;与之不同的是,宋明理学时期的体验式教学更强调伦理纲常与道德养成,如朱熹强调大学阶段的学生应按照格物、致知、正心、修身、齐家、治国、平天下的步骤步进至"明明德"以及"止于

---

① 王国轩,王秀梅.孔子家语译注[M].北京:中华书局,2009:189.

至善"的境界,王守仁提出"知之真切笃实处,即是行;行之明觉精察处,即是知。知行功夫本不可离"的知行统一观,等等。与东方的文化传统中浓烈的"体验思维""顿悟思维"不同的是,西方的文化发展更受益于逻辑思维与实证思维,但这也并未妨碍体验式教学理念的生长。比如,亚里士多德提出"对于那些必须会做的事情来说,在能做之前,我们必须通过做来学习它"[①];以卢梭为代表的浪漫自然主义教育学派从培养"自然人"的角度出发,主张儿童要重视通过生活和各种亲近自然活动的亲历中获得发展,并强调这种发展的独立性与自主性。这些体验式教学的思想皆强调学习中亲历的作用。

20世纪初,经验自然主义教育思想的代表杜威针对学校教育中过于偏重间接经验和接受学习的问题,提出了培养"睿智的人"的教育教学目标。有别于浪漫自然主义教育学派培养"自然人"的教育目标以及突出自然环境教育作用的教育理念,杜威更愿意综合自然环境与社会环境的教育作用,平衡直接经验与间接经验的吸纳,而综合与平衡的工具就是将知识与个体的直接经验整合起来以应对现实中遇到的问题,实现"经验的改造"[②],这是杜威体验式教学的用意。其中,杜威特别强调"对某个问题进行反复的、严肃的、持续不断的深思"在这种整合中的作用,认为这种反思贯穿于问题的感觉、问题的界定、问题解决的假设、对问题及其解决方法的逻辑推理、通过行动检验假设五个阶段,并基于此提出了教学的五个步骤,即营造真实的经验情境、从情境中产生真实的问题、搜集资料、产生问题解决方法、通过应用检验方法。不难看出,杜威的体验式教学不仅强调亲历,而且强调问题反思在其中的整合作用,它本质上强调了体验式教学对浅表经验的超越,指明了体验的发展性和方向性。

---

① Bynum W F, Porter R. Oxford Dictionary of Scientific Quotations[M]. New York: Oxford University Press, 2005: 21.

② 陆有铨. 躁动的百年: 20世纪的教育历程[M]. 济南: 山东教育出版社, 1997: 8-33.

罗杰斯（Carl R. Rogers）的非指导性教学思想则展示出人本主义教育对体验式学习与教学不同的意蕴和内涵。非指导性教学强调教师在促进学生学习上并非发挥传统的指导性作用，而更多的是提供丰富的学习材料、营造良好学习氛围、构建和谐的师生关系，以及促进学生的自我体验、反省与领悟。在体验式学习中，学生的需求和愿望能得到满足，因而其自发性与主动性被充分调动，潜能和价值得以充分实现。由此，学习产生的影响全面渗入学生的人格与行为，使其成为"完整的人"。不难发现，人本主义教育的体验式学习尽管也强调亲历和问题反思，但在体验的认知维度之外又增加了情感（情意）体验，它在体验的发展性和方向性上无疑实现了新的超越和发展。

20 世纪 80 年代以来，建构主义的知识观、学习观对教育教学产生了深刻而持久的影响。与信息加工学习理论相同的是，建构主义学习理论也强调学习者已有知识对后续学习的重要影响，认为学习是基于个体已有经验转化的过程；与之分道扬镳的是，建构主义学习理论并不认为知识具有客观性，而认为既然知识来源于学习者经验的获取与转化过程的综合[①]，是以社会文化为中介的内部建构，是个体解决自我认知冲突的主观调控过程[②]，故而知识理所当然地具有个体性与主观性。建构主义的学习理论革新了人们的知识观与学习观，它使基于该理论基础上的体验式教学成功地将个体的主观经验、情感体验、内在潜能与学习活动有机结合起来，并在综合吸收杜威、罗杰斯等人的理论合理性基础上，生发为综合性学习的组织形态。如库伯提出的包含自我体验、反思性观察、抽象性概括和实际行动中检验共四个步骤的"体验式学习循环模式"，事实上包含了感知学习、反思性学习、理论学习和实验四种学习方式，是多种学习方式综合化的学习

---

① Kolb D A. Experiential Learning:Experience as the Source of Learning and Development[M]. New Jersey:Prentice Hall,1984:41.

② 王文静.情境认知与学习理论:对建构主义的发展[J].全球教育展望,2005(4):56-59.

样态。不过,由于建构主义过于强调知识的主观性,进而引发了人们对建构主义主张"什么都是"的疑惑①,导致这一学习理论观照下的体验式教学缺乏具体组织的载体与途径。

而情境学习理论在这一背景下为体验式学习提供了新的思想给养。情境学习理论将知识置于人与环境互动的关系中思考,认为知识的产生不仅是人与环境的"互动"中的"建构",更是人类适应动态变化环境的"文化适应",是人类文化适应的工具和副产品。在这种意义上,知识及其意义皆具有了情境性,因为"任何的知识都是存在于一定的时间、空间、理论范式、价值体系、语言符号等文化因素之中的;任何知识的意义也不仅是由其本身的陈述来表达的,更是由其所位于的整个意义系统来表达的;离开了这种特定的境域,既不存在任何的知识,也不存在任何的认识主体和认识行为"②。这一新的知识观明确了知识建构的具体路径,并为体验式教学提供了具体的抓手:教学中更重要的是营造蕴含真实问题的情境,并在此情境中引导学生领悟知识、生发情感、构建价值。国内较早将情境教学作为一种独特教学方法提出的是李吉林老师,他针对小学低年级儿童特征,在教学中创设和建构富有生活气息并具备交互性、情感性、靶向性、教育性的"人为优化的情境",使学生积极投入学习并达到整体和谐发展的教育目的。

综上所述,体验式教学理论经历了强调亲历、超越(亲历+问题反思)、情意(亲历+问题反思+情意)、综合学习、情境化等多个阶段,其内涵亦应着不同的时代背景与教育诉求而不断丰富、拓展,且这种拓展与突破还处于进行时态。随着理论与实践的发展,人们对体验式教学的方式、体验式学习的发生机理进行了更深入细致的探索。如关于体验式学习中的体验方式,不少学者认为,教育学视域中的亲历应该是多元多样的,至少包括两

---

① 陈亮.体验式教学设计研究[D].重庆:西南大学,2008:47.
② 石中英.知识转型与教育改革[M].北京:教育科学出版社,2001:151.

个方面：一种是实践性亲历，即主体亲"身"经历地"做"某件事；另一种是心理层面的亲历，即亲"心"经历。[①]　其中，亲"心"经历又包含至少三种主要的方式：①观察性体验，即教学中提供类真实情境让学生观察学习；②回顾性体验，即主体对自身经历进行回顾和反思；③主动性体验，即"主体把自身当作客体，从而获得关于客体的感性信息的一种感知方式"[②]，主体对事物和人的移情性理解即属于此种范畴。以上从教育学的视角探讨了对个体具有教育意义的体验形式，它对亲历内涵的理解极大地丰富并拓展了体验式教学的形式和手段。再如，关于体验式学习中体验的发生学机理，有学者从知—情关系的层面探究，认为体验的过程遵循"在感受中产生情感→情感促进理解与联想→在理解与联想中产生领悟并生成意义→领悟和意义深化情感反应"这一知与情互动转化的过程[③]；还有学者认为，学习体验存在历构层、预构层和临构层三个层次的发生结构，体验的过程即这三个层次相互作用的结构化过程[④]。其中，历构层是体验者个体已有经验与生命感受，它既是个人的经验的积淀，同时因个人活动的社会性而具有了社会性特征；它既具有相对稳定的静态性，同时是历时地筛选、重组、调整、发展、变化的连续过程；它既包含直接的经验，也包含了从他人身上、从书本上等载体中习得的并内含了自身理解、想象的间接印象。相比于历构层的"历时性"，临构层是一种"共时性"的人与环境双向建构的过程，这种建构在历构层的"过滤"下发生，并接受预构层的引导。预构层是个体对学习的期望，历构层的"过滤"作用，既是知识从公共属性转为个体属性的过程，同时也是个体发现并建构知识意义的过程。因为只有以自己已有的经验

---

① 李英.体验：一种教育学的话语：初探教育学的体验范畴[J].教育理论与实践,2001(12):1-5；庞维国.论体验式学习[J].全球教育展望,2011(6):9-15；曾妮.论劳动教育中的"体验"及其关键环节[J].中国电化教育,2021(11):9-15.

② 朱小蔓.情感教育论纲(第3版)[M].南京：南京师范大学出版社,2019:130.

③ 陈旭远,刘冬岩.促进学生体验的教学策略[J].中国教育学刊,2004(4):50-53.

④ 陈亮,朱德全.学习体验的发生结构与教学策略[J].高等教育研究,2007(11):74-77.

感受去审视新知,才能发现其与自身的意义关联,从而使个体真正发现学习的快乐与意义,进而引发预构层与历构层的不平衡从而形成学习的持续性动力。对体验的发生学探究进一步揭示了体验式教学的内发创生性特点及其内部机理,它为教学中如何提高学生学习兴趣、提升学习的参与度提供了重要的理论视角。

(二)情感教育理论与情感教学心理学理论

如上所述,根据主体的体验重心与生发方向的差异,主体的体验可大致区分为认知体验、情感体验与行动体验三种形态。[①] 而情感教育理论和情感教学心理学理论更关注其中的情绪与情感体验。不过,两种理论在立场与着眼上有较大差异:情感教育理论更关注的是特定情感的生成以及与之相关的道德、价值观教育规律,如朱晓蔓将情感教育定义为"在学校教育、教学中关注学生的情绪、情感状态,对那些关涉学生身体、智力、道德、审美、精神成长的情绪与情感品质予以正向的引导和培育"[②],张志勇在《情感教育论》中将情感教育定义为"教育者依据一定的教育教学要求,通过相应的教学活动,促使学生的情感领域发生积极变化,产生新的情感,形成新的情感品质的过程"[③];情感教学心理学理论则在价值立场上保持中立[④],它主要关注教学中的情感信息系统的内部状况,以及这一系统与认知信息系统的交互作用,并以此指导教育教学。如,卢家楣将情感教学定义为"教师在教学过程中充分考虑认知因素的同时,充分发挥情感因素的积极作用,以完善教学目标、增强教学效果的教学"[⑤]。不过,两者对体验

---

① 庞维国.论体验式学习[J].全球教育展望,2011(6):9-15.
② 朱小蔓,丁锦宏.情感教育的理论发展与实践历程:朱小蔓教授专访[J].苏州大学学报(教育科学版),2015(4):70-80.
③ 张志勇.情感教育论[M].北京:北京大学出版社,1995:70-80.
④ 马多秀.情感教育研究的回顾与展望[J].教育研究,2017(1):52-61.
⑤ 卢家楣.情感教学心理学[M].上海:上海教育出版社,2000:2.

式教学的情感模式展开均具有重要的理论指导意义。

1. 情感教育理论

朱小蔓教授是我国情感教育理念的早期实践者、倡导者和引领者,也是情感教育理论的主要奠基人之一。20世纪80年代中期,针对道德教育中的唯理智主义造成人在道德学习中认知与情意的剥离,进而演变成道德教育中的概念化、知识化、浅表化和教条化倾向[①],受苏联伦理学家阿·依·吉塔连柯教授《情感在道德中的作用和感觉论原则在伦理学中的作用》的理论启发和牵引,她对道德学习及其内在性机理展开深入探索,构建了以道德学习与情感之间关系为主脉络的理论体系。该理论经历了初步构建、与素质教育对接、向教育学多分支伸展、进一步拓展深化等多个发展阶段[②],其内涵不断深化、体系不断拓展。目前,情感教育理论的主体内容囊括了道德情感理论、情感教育价值理论、情感教育机制理论、情感素质教育理论、情感文明建设理论等众多方面。

(1)道德情感理论

道德情感理论主要包括道德情感的内部结构、德育功能与培育路径等方面内容。在道德情感的内部结构上,朱小蔓和梅仲苏构建了道德情感的"内容—形式—能力"三维结构。在内容上,道德情感主要包括对自己的自我认知感、对他人的同情感、对自然的敬畏和亲近感、对社会的责任感;在形式上,道德情感主要包括自然感性道德感、幻化想象道德感、社会理性道德感和悟性超越道德感;在能力上,道德情感主要包括道德情感知觉感受能力、道德情感理解体验能力、道德情感移情能力、道德情感反应能力。[③]在道德情感的德育功能上,该理论基于教育学、心理学、神经科学和脑科学

---

① 王平.寓德于情,以爱育人:专访情感教育研究的开拓与实践者朱小蔓教授[J].教师教育研究,2014(3):69-74.

② 马多秀.情感教育研究的回顾与展望[J].教育研究,2017(1):52-61.

③ 朱小蔓,梅仲苏.道德情感教育初论[J].思想·理论·教育,2001(10):28-32.

等学科发展中发现的大量依据,认为道德情感在主体的德性生长中具有基础性[①]、动力性[②]作用,道德情感是道德认知的必要条件,是道德责任的重要资源,相比理性认知在个体道德判断中大多仅产生补充说明作用,道德情感的作用更为凸显。[③] 不过,对道德情感动力性作用的来源,学者有不同看法。其中,任德新和张芊认为,道德情感能调动主体身心巨大潜能的热情、激情,而这种调动作用主要来源于道德的理性命令、要求以及义务的崇高性[④];郦平则基于道德情感先于道德认知的事实和移情的德育作用提出了不同的观点,并探讨了移情的三类范畴(一阶移情、二阶移情和三阶移情[⑤])与"利他之爱"产生之间的关系,揭示了"利他之爱"何以可能的道德情感基础及其培育路径,进而弥补了道德理性主义在诠释"利他之爱"上的局限性[⑥]。在道德情感的培育上,该理论强调其与认知教育不同的教育机理。其中,朱小蔓、梅仲荪发现不同年龄阶段的人的情感发展具有阶段性与层次性,提出要在受教育者不同生命阶段实施独特德育主题和方式的情感教育,他们还强调道德情感教育的重点是使对象在道德实践中丰富情感体验,并重视教师情感资质与人格魅力的作用发挥;郦平认为,尽管移情具有褊狭性,但与道德命令和后果计算相比较,移情仍是一种更有效的道德教育工具,她还提出通过模仿、诱导、角色扮演、移情想象使个体从狭义移

[①] 朱小蔓,梅仲荪.道德情感教育初论[J].思想·理论·教育,2001(10):28-32.

[②] 方熹,潘梦雯.道德情感教育探微[J].学校党建与思想教育,2019(7):33-35.

[③] 谢惠媛,岳红.深化道德教育引导的道德情感进路探析[J].北京航空航天大学学报(社会科学版),2021(3):1-6.

[④] 任德新,张芊.论道德情感对道德理性与道德意志的驱动[J].南京社会科学,2006(12):50-54.

[⑤] 根据郦平的阐释,一阶移情是指行为主体对事发者的移情,如看到身边人陷入痛苦时,行为主体产生了相似的痛苦感觉;二阶移情是指观察者对移情者的移情,如疫情期间某医护人员因岗牺牲,同胞们纷纷表示哀痛,对表现出哀痛的移情者的移情就是二阶移情;三阶移情是指行为主体对观察者移情反馈的移情反应,如我的朋友遭受苦难但我置之不理,第三方观察者对我的冷漠表现出赞成或不赞成,而我对观察者的移情反馈产生的移情反应即三阶移情。

[⑥] 郦平.利他之爱何以可能:来自道德情感主义的回应[J].中州学刊,2021(8):109-115.

情走向充分移情①;方熹、潘梦雯认为道德情感教育具有生活性、开放性、实践性、审美性、享用性等特征,提出在培育道德情感上要坚持全面性培育与针对性培育、理性灌输与情感感染、社会实践与个体省悟相结合的方法②;谢惠媛和岳红提出,要以榜样丰富道德情感的内涵、以美育激发道德情感的共鸣、以技术创新道德情感培育的平台、以制度为培育道德情感提供保障③。

(2)情感教育价值理论

总体来看,情感教育理论首先强调人的情感满足和情感发展在教育中的目的性。朱小蔓教授在其《情感教育论纲》中以情感与人的发展关系立论,分析了情感与人的适应、人的认识发生、人的行为选择、人的生命享用之间的关系,提出了"情感是人的发展的主要组成部分"的重要命题。她接着从生物—生理、社会—心理、历史—文化三个层面探讨了教育介入的问题,认为教育的介入对人的情感发展既必要又可能。④ 可见,情感教育在立论上即沾染了人本主义的目的性思想,是教育实现"整全人"的基本路径。同时,该理论亦坚持了人的情感的手段性,强调情感对认知发展、思维结构调整、价值观培养、行为习得的基础性、全息性作用,认为逻辑—认知与情感—体验共同构成完整的教育过程。

(3)情感教育机制理论

《情感教育论纲》在情感教育机制方面的理论贡献,主要在于其初步构建了情感教育的目标体系并探索发现了情感教育的内部过程,这就为各级各类学校以此为基础、根据自身实际和办学特色在诸育实施中开展情感教

---

① 根据郦平对移情水平的划分,移情分为狭义移情(narrow empathy)、充分移情(full empathy)和至高移情(maximal empathy)三种。其中,狭义移情是指对自己所知的人或某些群体产生的移情;充分移情是指对所有群体的移情;至高移情是指对所有群体尽可能产生最大化的移情。

② 方熹,潘梦雯.道德情感教育探微[J].学校党建与思想教育,2019(7):33-35.

③ 谢惠媛,岳红.深化道德教育引导的道德情感进路探析[J].北京航空航天大学学报(社会科学版),2021(3):1-6.

④ 朱小蔓.情感教育论纲(第3版)[M].南京:南京师范大学出版社,2019.

育提供了可供探触的突破口与切入点。在情感教育的目标体系上,该理论从空间结构(内容上包括道德感、理智感、美感;形式上包括情感状态、感觉水平、形象加工;功能上包括移情、情绪辨认、情绪调控、体验理解、自我愿望等能力)、动态时相(儿童期、少年期、青年前期三个阶段)、主客关系(主体与自然、与操作对象、与他人、与社会、与自我)三个方面构建了一个多层面、立体化的情感教育目标体系;在情感教育的内部过程上,该理论提出了包含情动—感受、体验—理解、价值体系化—人格化三个环节层层过渡、不断递升的内部过程。情感教育的目标体系构建为教育教学开展提供了可参照的价值坐标,而其内部过程挖掘不仅为情感教育实践提供了切入口,而且为不同领域的情感教育机制发掘提供了理论先导。如,陈蓉辉探讨了音乐与学生情绪感受的丰富性、发展性的内在关系,并进一步揭示了钢琴教育的情感机制[①];杨晓军基于留守儿童对亲情感受的缺乏可能引发其自然适应性向社会适应性阻隔的问题,探讨了留守儿童情感教育的媒介化"补偿"机制[②]。

(4)情感素质教育理论

情感教育坚持人本主义的"整全人"的价值取向,内蕴了情感与认知协同发展、知识与意义和谐共生的基本要求,契合了素质教育促进全员、全面、主动与个性发展[③]的主张,因此很快与素质教育呼应并对接,成为素质教育的重要理论滋养,拓宽了素质教育的理论视角和实践路径。在其发展过程中,一方面,由于素质教育作为一种教育理想和教育理念,在指导教育实践时保留着思想形态的弹性[④],当情感教育的目标接入、理念注入,特别是与实践中的教育条件和教育对象结合时,便创生了诸如"情境教育""生

---

① 陈蓉辉.论钢琴教育活动与学生情感发展的内在机制[J].东北师大学报,2001(6):109-112.
② 杨晓军.留守儿童情感教育的媒介化"补偿"机制探析[J].电化教育研究,2014(7):36-40.
③ 杨兆山,时益之.素质教育的政策演变与理论探索[J].教育研究,2018(12):18-29.
④ 文辅相.素质教育是一种教育观而不是一种教育模式[J].高等教育研究,2000(3):19-32.

活基础教育""和谐教育"等多种情感素质教育的模式。另一方面,道德教育的范式从情感素质理论中汲取了新的养分,它在反思理性道德教育不足的基础上,提出了向情感性素质培养寻找德性生长的"情感性道德教育范式"。[①]

（5）情感文明建设理论

情感文明指的是人类情感进步和开化的状态,比如情感具有教养、文采、开明、明智、美感等素质特征,形成良好的情感生活方式与风尚等。[②]与以物质生产为标准来评价文明进步相区别,情感文明关注人的精神因子中的内在情感状态和人的情感素养的提升,并以此表征文明的发展状况。情感文明既是个体的,也是社会整体的。作为个体的情感文明,指的是个体的情感修养、情感素质状况及所对应的情感生活方式和情感行为方式;作为整体的情感文明,则特指情感被社会制度、道德规范等组成的情感环境、情感氛围所调节、约束和控制的状况,并表现为与知识文明、意志文明等社会精神文明以及社会物质文明协同适应的状态。情感文明建设理论包括了情感文明的结构理论、情感文明建设机制理论、学校情感文明建设理论等。其中,郭景萍构建了情感文明的内部结构和表征体系。[③]根据其理论阐述,人具有不同层面的情感需要和情感体验,所以情感文明也就包含了情感的温饱、情感的安全、情感的尊重和情感的自我实现四个不同的层次结构。其中,情感的温饱是指由身体的温饱所决定的情感的满足体验状况,它是与生理需要相联系的情感体验,如食欲、性欲;情感的安全是指人对自身安全状况的主观体验和情感反应;情感的尊重是指人的情感被社会重视和理解的状况,是情感价值的社会赋予;情感的自我实现是指个体的情感能量自我发挥和转化过程。情感文明内嵌在由政治、经济、法律、道

---

① 朱小蔓.情感德育论[M].北京:人民教育出版社,2005:63,266.

② 郭景萍.情感文明建设:情感控制与情感赋权[J].广东社会科学,2009(2):160-166.

③ 郭景萍.情感文明建设:情感控制与情感赋权[J].广东社会科学,2009(2):160-166.

德、审美等基本因子组成的社会结构中,并通过经济、道德、审美、民主等维度具化和表征其抽象、内隐的内涵与外延。其中,情感文明的经济维度反映了人的情感与社会生产、消费等经济活动的内部联系及其文明表现;情感文明的道德维度是指个人情感符合社会道德规范并给社会大部分群体带来效用与幸福的状况;情感文明的审美维度是指人因爱美之天性而产生的审美情感在审美感受、审美情趣、审美情操等方面展现出的情感文明质量;情感文明的民主维度是指社会和个人对情感的控制状况以及情感的平等状况。此外,她还揭示了情感文明建设的两个重要机制,即社会控制机制与情感赋权机制。社会控制机制是指社会通过制定规范来调控情感,使其从自然性的自发状态发展成为规范性的有序情感状态;情感的赋权机制是指将选择情感生活的自主权放心地赋予个人,通过提升他们的情商能力,使其成为自己情感生活的主导力量,激活并发挥其情感的主观能动性。还有学者探讨了情感文明学校建设和情感文明教师的素养。其中,王平、朱小蔓提出学校应承担建设情感文明教育责任的命题[1];丁锦宏、葛明兰探讨了情感文明学校的五个基本特征,提出了情感学校建设的愿景、框架和策略[2];王坤、朱小蔓认为,情感文明是教师专业素养的底色,可通过使用"情感—交往"型课堂观察指南、加强冥想与受教育史写作训练、改善学校管理与引导等方面提升教师的人文素质,增进其情感文明,提升教育教学的品质[3]。

2. 情感教学心理学理论

如前所述,与情感教育理论主要关注特定情感生成的目的性相区别,情感教学心理学更多的是将人的情绪和情感作为教学的手段,通过探讨教

① 王平,朱小蔓.建设情感文明:当代学校教育的必然担当[J].教育研究,2015(12):12-19.
② 丁锦宏,葛明兰.情感文明学校建设:一种情感教育的实践探索[J].教育研究与实验,2018(6):34-38.
③ 王坤,朱小蔓.情感文明:教师育人素养的关键价值尺度[J].中国教育学刊,2019(5):75-79.

学中的情感现象及其发生机理、情感在学习中的独特功能、情感在教学中的基本调动与教学原理,以提升教育教学的效率和效果。该理论以卢家楣"以情优教"情感教学理论为内核和代表,主要包括情感的功能理论、教学中的知—情系统理论、情感教学与诸育的关系理论、情感发生发展的心理机制理论、情感教学模式理论等。

(1)情感的功能理论

情感的功能是指人的情感系统不断演进与发展,以适应日趋复杂的社会生活,并在这种演进中生发出影响认知、情感、交往、行为和身心健康等方面的功效。情感的功能理论强调情感的功能是发展的,它随着人类社会的发展、人类实践的进步而不断拓展并被揭示出来。目前,情感的功能主要表现为对认知的调节功能,对情感的迁移功能,对行为的动力和强化功能,对人际的信号功能和协调功能,对他人情感的感染功能,对认知接受的疏导功能,对身心健康的保健功能,等等。对认知的调节功能,是指情感对认知具有或组织或瓦解的不同效能,主要表现在不同极性的情感(如快乐、兴趣、喜悦等属于正向极性的情绪,而愤怒、恐惧、悲伤属于负向极性的情绪)对感知觉、记忆效果、思维效果等具有或促进或阻碍的调节作用,不同的情绪唤醒水平即不同的情绪强度对人的认知组织存在不同的调节效应,认知活动中是否有丰富的情感体验对认知活动的效率和效果亦存在明显的调节作用。对情感的迁移功能,是指情感因与其所指的对象的某种关联而产生"爱屋及乌"的扩散和泛化现象。对行为的动力功能,是指情感受主体的需要与客观事物间关系的制约,而产生对行为的增力或减力的作用;对行为的强化功能,是指情感对行为发生可能性的增强或减弱作用,它与情感对行为产生增力或减力的动力作用略有不同。对人际的信号功能,是指情感通过外显的表情产生信息传递的效能,且这种信息传递具有加强言语表达、提升语言生动性、独立替代言语、超越言语的丰富性和真实性等独特作用;对人际的协调功能,是指个体在人际交往中因情感的相互回报性而产生对人际关系促进或阻碍的效能。对他人情感的感染功能,是指情感因外显而产生场域性的对他人情感的感染功能,这种功能源自人的"感同身受"的生理心理基础,它既是人际情感交流的基础,同时也为情绪控制提供了"以情育情"的基础。对认知接受的疏导功能,是指言行者、接受者不同的情感状态以及双方的情感关系能产生提高或降低个人对他人言行可接受性的效能。对身心健康的保健功能,是指人的情绪、情感不仅具有增进或损坏个体身心健康的效能,而且其本身即属于个体身心健康的重要组成部分。

(2)教学中的知—情系统理论

卢家楣提出,在教学系统中,除了存在以教师、学生、教材等为基本要素并以教师和学生的双重控制(教师为主导性控制,学生为主体性控制)为基本特征的认知系统外,还存在着以教师的情感(主要包括教师对教育教学的情感、对学科和专业的情感、对学生的情感以及教师个体的情绪状态与情绪表现等)、教材内蕴的情感、学生的情感(主要包括学生对学习的情感、对课程的情感、对教师的情感以及学生个体的情绪状态与情绪表现、课堂氛围等)为源点,以师生教学中的情感交流、人际交往中的情感交流以及师生情感自控回路为动态网络的情感系统。而教学中,无论是情感系统内部的各分支回路,还是情感、认知两个系统之间,都发生着复杂的交互作用,这种交互作用就为以知增情、以情优教提供了学理支撑。① 基于此,卢家楣强调情感教学的三条基本原则,即寓教于乐原则、以情施教原则和师生情感交融原则。其中,寓教于乐原则指教师通过操纵教学中的可控变量(如教学方法、教学条件、教学目标等),使学生在快乐和充满兴趣的情绪中学习,并力求使学生从生物性需要满足的"外在乐"向社会性需要满足的"内在乐"升华;以情施教原则指教师以自身积极情感为源点,在教学中通

---

① 卢家楣.情感教学模式的理论与实证研究[M].上海:上海人民出版社,2008:3-44.

过良好的情绪状态、高尚的人格情操、知情并茂的教学影响学生的情感和认知活动,以达到以情促学的目标;师生情感交融原则指在师生的人际交往中,教师努力以对学生良好的情感引发学生积极的情感反应,发展信任、和谐的师生关系,以优化教学效果。

(3)情感教学与诸育的关系理论

相关理论以情感的功能为基本原理,探讨了情感教学与德育、智育、体育及美育之间的关系。关于情感教学与德育之间的关系,该理论强调实施情感教学能有效陶冶学生的道德情操、提升学生的道德认识、塑造学生的道德意志行为;关于情感教学与智育之间的关系,该理论强调情感教学能有效增强学生学习的积极性、提高学生的学习效率、促进学生智能发展、帮助学生形成良好的学习态度;关于情感教学与体育之间的关系,该理论强调情感教学能增进学生的身体健康和心理健康;关于情感教学与美育之间的关系,该理论强调情感教学中的寓教于乐能为审美活动提供和铺垫必要的情绪背景,以情施教能为美育提供独特的情感手段,情感教学能有效培养学生的审美观并陶冶学生的审美情操。

(4)情感发生发展的心理机制理论

与从生物—化学、解剖—生理层面探讨情绪情感的发生机制不同,该理论主要从个体心理和社会心理的层面探讨了情感发生发展的机制,故而能更直接地服务于教育教学。该理论主要包括情绪的发生机制和情绪向情感、情操发展升华的机制两个方面。情绪的发生机制主要包括以境生情和以情生情两种。

以境生情是指个体在客观事物作用下产生的情绪反应。在以境生情的发生机制中,客体的特性与主体需要之间的关系、客体的实际状况与主体对其预期之间的关系、主体的认知评价是影响主体情绪反应的三个主要因素。具体表现为:①客体是否满足主体的需要、满足主体哪些需要、主体对客体需要的迫切程度等分别影响情绪的极性(即愉快—不愉快)、种类和强度。②客体的实际状况与主体对其发展预期之间的关系往往决定了情绪发生的强度。其中,当这一客体与主体需要关系不明确且出乎预期地发生时,往往会引发主体的惊奇类情绪;当客体与主体需要关系明确时,往往会引发具有极性的情绪反应,而情绪反应的强度皆与超出预期的程度正相关。③主体的需要是什么、需要的迫切性怎样以及主体的预期是什么等,最终又受主体认知评价的影响,而主体的认知评价又受制于其个体经验、知识结构、思维方法、外人诱导与劝说等因素。

以情生情主要包括由他人的情绪引发和自我表情引发两种。对于前一种引发,需要主体设身处地地感同身受,其效果受自我暗示、他人暗示或情境真实性等方面的影响;后一种引发则主要源于表情与情绪体验之间内在的生理及遗传关联。情绪向情感、情操升华的机制理论认为,人类的情感发展遵循着"情绪→情感→情操"这样由低向高的层级发展阶段,这里的情绪指的是与主体的生物性需要相关联的情感心理(如饥饿情况下饱餐一顿的愉悦感),情感特指与主体的基本社会性需要相关联的情感心理(如儿童对父母的依恋感),情操则特指与主体的高级社会性需要相关联的情感心理(如道德感)。这种发展性在特定的社会环境与教育中发生,并随着个体的社会性需要发展、认知深化、情绪性体验的积累以及情感的迁移泛化等发生量变到质变的发展过渡。

(5)情感教学模式理论

卢家楣在《情感教学模式的理论与实证研究》中重点探讨了情感教学的模式。这一教学模式以情感教学心理学原理支撑下的四个教学观(即教学的情知系统观、情知并茂观、情知矛盾观、情知导乐观)为理论基础,以最大限度发挥情感在教学中的优化作用并促进学生知情素质的和谐发展为目标导向,以诱发、陶冶、激励、调控为基本结构和程序,以与每个要素或环节相匹配的行之有效的系列化教学策略为指导,并配以相关的形成性评价和终结性评价工具。情感教学模式的结构(程序)是整个教学模式的内核,主要包括 4 个基本要素(环节):①诱发,即通过操纵某些教学变量,或改变、迎合学生的学习需要,以引发学生的学习兴趣,调动学生的学习积极性;②陶冶,即教学时不仅推进学生的认知学习,而且培育学生高尚的情感、情操,提升其情感能力(诸如体验、表达、调控自身情感的能力以及认识、影响他人情感的能力);③激励,即通过评价激励,增强学生的自信心,使其获得足够的胜任感,以激发学生持久的学习动力;④调控,即通过创设良好的外部学习环境和心理氛围使学生的学习总体处于愉快—兴趣的情绪基调,以促进其素质的全面发展。①

二、军事理论课体验式教学情感模式的理论主张与设计逻辑

体验式教学理论、情感教育理论以及情感教学心理学理论为军事理论课体验式教学的情感模式提供了理论依据。不过,相关理论仅仅从其理论侧重的局部为体验式教学的情感模式提供思想指导与理论借鉴,很难展示体验式教学情感模式的全部图景与内部关联。鉴于此,有必要从全局的视角梳理军事理论课体验式教学情感模式的理论主张,并以此勾勒该模式的设计逻辑。

(一)教学目标:整全与协同

教学目标是选择教学材料、组织教学内容、形成教学步骤、开展教学测评的基本准绳。体验式教学的情感模式尽管以情感体验为教学的基本着眼,但这仅仅是对军事理论课课程定位和既有教学模式的反思与调整,它的本质是对人的生命整全性及其教育实现的密切关注,是素质教育在

---

① 卢家楣.情感教学模式的理论与实证研究[M].上海:上海人民出版社,2008:3-44.

军事理论课堂的生动探索,也反映了对知情和谐、知行合一课堂的向往与追求。

军事理论课体验式教学的情感模式追求整全、协同的教学目标。从该教学目标静态的空间结构看,这种整全与协同体现为学习者意识与行为、认知与情感、感性与理性、理论思维、实践思维与创造性思维等诸方面协同发展,它强调"全息"打开身体的智慧,并最终指向实践运用与德性生成;从该教学目标的动态历时性看,这种整全与协同又表现为各维度之间以及各维度自身发展的依序性。首先,它强调在感性之知上发展抽象理论,这对幼儿或小学教育可能是常识,但具有一定抽象思维能力和理性追求的大学生往往容易忽视这一点,导致"因为缺乏这种能够用来构建新知识的经验以及以此经验为基础的心智模式,学习者必须靠死记硬背来记住已呈现的材料"[①],结果是教学效果和效率的低下。其次,它强调情知发展互为条件、和谐共进。一方面,通过认知支持的教学策略使军事理论学习的过程处于顺畅满足状态,进而使学生产生积极、快乐的学习体验;另一方面,当教学中积极的情绪弥漫时,学生的记忆调动、思维活动、欣赏能力和陶冶能力亦处于活跃和高效状态,这种活跃和高效久而久之会发展为稳定的学习态度和学习品质,并在理论体知中对理论观点形成确认和确信,进而生长为稳定的道德情感,它们将为价值观学习积累情感能量。最后,它强调不同体验阶段情感达成的依序性,即在体验教学的不同阶段设置不同的情感目标,以引领学习体验的依序性、累积性和深刻性,使教学在情绪积累中步进至情感以至情操。

(二)设计主线:问题驱动与情感驱动

问题是沟通理论与体验的桥梁。它既是体验的自然生发,又规定着体

---

① 戴维·梅里尔.首要教学原理[M].盛群力,钟丽佳,等译.福州:福建教育出版社,2016:27.

验的重心以及体验超越浅表性发展的方向；它既主导着理论思维发展的过程，又贯通着主体质疑、兴趣、恍悟、确信等情感的生长路径。军事理论课体验式教学的情感模式把问题作为教学设计的主线，发挥问题在教学各阶段的体验生发和教育引导功能。在体验的激活阶段，它强调真实问题情境的设置及其教育引发。因为问题情境的真实感、近距感是影响问题能否有效进入主体意识阈的关键要素，只有问题真正进入主体的意识阈，才能唤起其个人的经历，引发认知结构的重组和质变。在学习探究阶段，它强调依序设计与展开问题序列。这里的依序，既包括问题应由易向难的序列化设置，以使其引发的思维锻炼能够激发学生生成最近发展区，同时也包括问题应符合人的经验系统及情感状况层层代入，以帮助学生把知识学习与个体的生命体验贯通，实现"符号化知识在个体身上的'复活'"①。在情感激励阶段，它强调要显化个人的价值问题（冲突），帮助其构建显化的情境并在情境中理解冲突的产生，尔后通过答疑解惑、榜样引领、情感补偿等给予相应的情感激励，以实现价值观教育的目标。

除了将问题驱动作为教学设计的主线外，体验式教学的情感模式把情绪、情感的产生与积累作为促进理论认知并通达价值观学习的重要手段，并以此作为测评两种学习的有效性的重要表征进行监测与评估。根据情感教学心理学理论，情感对理性认知具有重要的调节功能与疏导功能。如前所述，情绪对理性认知的调节功能表现为，不同极性的情感（如快乐、兴趣、喜悦等属于正向极性的情绪，而愤怒、恐惧、悲伤属于负向极性的情绪）、不同的情绪唤醒水平、认知活动中是否有丰富的情感体验等，对感知觉、记忆与思维等认知活动的效率和效果均具有或促进或阻碍的调节作用；情感的疏导功能表现为，他人言行的情感状况、自我当下的情绪状态、彼此之间的情感联系等，往往影响学习者对他人言行的接受效能。情感对

---

① 王平.课堂教学设计如何通达价值观：基于情感教育的探索[J].中国教育学刊,2021(6)：76-81.

认知学习的重要功能启示我们,在军事理论教学中应帮助学习者获得积极的情感体验,培养并发展学生的理论好奇感、学习快乐感、学习确信感、理论探究感;积极唤醒学生的情感体验使其为认知学习做好准备;应把学生体验的丰富性、深刻性作为教学预达成的重要目标纳入教学设计与实施方案。

而情感教育理论的突出贡献之一是找到了情感通达价值观学习的路径。该理论将价值及价值观视为一种情感体验现象,认为价值只有经由生命个体的情感体悟才能显现,情感体验充实了价值的具体内容,它强调价值在人的情感体验中才能生成其当下的意义,情感是价值关系构建与价值内容内化的动力机制,是价值观形成的基础和关键。[①] 基于此,情感教育理论反对将价值观学习仅仅依托于理性主义的告知、解释及灌输,而主张寄于主体对自身生命需要的体悟、觉醒、自明与主动追求之中,并强调这一过程中主体情感体验之丰富性、深刻性、导向性的作用。价值观学习的情感路径成为军事理论课体验式教学情感模式的重要理论内核,它要求课堂中不断培育、积累学生的国防责任感、荣辱感、危机感,在情感的积累与发展中实现主体的德性生长。

(三)体验空间:实境课堂与情境课堂贯通融合

体验式教学以达成体验的深刻性为主要教学目标之一,而创设优化的体验空间是体验生发的关键所在。军事理论课体验式教学的情感模式立足打造实境课堂与情境课堂贯通融合的体验空间,为体验式教学的开展及学生体验的生成、发展提供了基本依托。其中,创设实境课堂是指在现地实境的教学环境中补充学生的具身性体验,以解决学生对军事问题的具象感受不足的问题。所谓具身性体验,是指主体通过直接接触、亲身经历的

---

① 王平.着眼于情感:以促进学习为目标的价值观教育[J].教育学报,2022(1):45-47.

方式对事物生成体验与理解[①]；构建情境课堂则是根据教学需要，依托学生既有经验(特别是实境课堂获得的经验)创设人为优化的教育环境(即教育情境)，使其发挥直观显示、暗示引导、渲染激励、价值延展[②]等教育功能。实境课堂补充了学生具身性体验，它具有直接性、真实性、深刻性和不可替代性，"最理想的方式教学应是投入式的，它应鼓励学习者与学习内容直接接触，形成一种具身体验，而不是建立在他人的理解之上"[③]。不过，实境课堂的教学受到时空限制，组织殊为不易，且还可能因实境中的信息过于庞杂而遮蔽事物的本真，进而影响其教育功能的发挥。情境课堂则以师生互动中构建的情境为载体和手段，引导学生进行观念体验，它既解决了实境课堂教学组织和教育靶向等方面的问题，还能够引发主体的替代性体验、想象性体验和移情性体验，为学生拓展了具有教育性的体验空间。

实境课堂与情境课堂的贯通融合，有利于发挥两种课堂体验的综合教育效能。一方面，实境课堂丰富了主体的直接经验，为情境的创设拓展了心理空间。经验与情境是同一事物的两面，"人与环境互动产生两个结果：对人而言，这种互动的结果是'经验'；而对环境而言，这种互动的结果为'情境'"[④]。经验是情境创设的基石，它总依托一定的经验展开，补充并完善特定的经验结构也就为课堂情境创设提供了心理延展的空间。在与主体特定经验结构紧密联系的情境中，学习主体才能活化知识、激活体验、获得感悟。另一方面，情境课堂凸显了"人为优化"的环境特征及其教育意义，为体验的生发提供了优化的路径。情境是为了教育的靶向而对教育环境进行"人为优化"。构建问题情境，往往能迅速引发学生的学习动机，如用一张美军撤出阿富汗的"喀布尔机场大逃亡"照片再现美军撤离的混乱

[①]　罗祖兵，郭超华.知识学习的体验属性及其教学意蕴[J].教育研究，2019(11)：81-90.

[②]　李秀伟.唤醒情感[M].济南：山东教育出版社，2007：166.

[③]　爱莉诺·达克沃斯.精彩观念的诞生：达克沃斯教学论文集[M].张华，译.北京：高等教育出版社，2005：173-175.

[④]　王灿明.情境：意涵、特征与建构：李吉林的情境观探析[J].教育研究，2020(9)：81-89.

场景,进而提出"喀布尔机场大逃亡是美军战略转移还是战略收缩的一幕"的问题,往往因情境的真实性和冲突性能迅速引发学生的思考。构建直观情境,往往能示证新知,如示证一张我国高速公路起降战斗机的情境画面,对国防动员的平时建设功能往往能不言自明。构建叙事情境,往往能生发意义。例如,学生对"党对军队绝对领导"上升到我军军魂的高度难以理解,对"政治建军"的深刻内涵没有切身体悟,如果仅仅进行知识教学和逻辑建构,学生即使理解了其中的逻辑关系,往往也没有深刻的领悟,但假如将其放到"三湾改编"和"古田会议"的历史背景中进行情境叙事,并与近代以来日本军事优先的军事思想及其引发的二战中的惨败进行比较性叙事,往往能让学生对新时代坚持"政治建军"产生高度的理论认同。情境穿梭于知识教学与情感生成,帮助学生从感性上升为理性、从情绪升华为情感、从理解蜕变为坚信,能实现实境课堂教育性的进一步拓展和深化。

三、军事理论课体验式教学的情感模式

当前,体验式教学模式主要有两种构建的视角。一种主要依托体验过程,如裴国镧构建的包含体验前精心准备、体验中引导助推、体验后及时巩固三个阶段的高中思想政治课体验式教学[1];另一种主要依托教学步骤层递展开,如黄亚丽构建的包括选择体验主题、确定体验形式、设计体验内容、把控体验过程、总结提升效果五个步骤的体验式教学组织方法[2]。本研究采用第一种视角即依托体验过程构建教学模式。军事理论课体验式教学的情感模式主要包括需求分析、课堂构建、评价反馈三个部分。需求分析主要对学生的学习需求、学习内容、认知与情感状况等进行综合分析,

---

① 裴国镧.高中思想政治课体验式教学实施策略研究[D].桂林:广西师范大学,2021:12-14.
② 黄亚丽.体验式教学在高中思想政治课教学中的应用研究[D].洛阳:洛阳师范学院,2022:20-29.

为体验式教学的开展做好准备;课堂构建即立体打造实境课堂教学与情境课堂教学贯通融合的体验空间,是体验式教学的核心部分;评价反馈贯穿于两种课堂教学的始终,是对学生的学习状况、情感表达等适时进行评价反馈,并以此进一步优化教学。

(一)需求分析

体验达成及其深刻性是体验式教学的重心和主要教学目标之一,而它又与学生的学习需求、学习内容、学生心理特质等方面息息相关,因此在开展教学前需对这些方面进行具体分析。学习需求分析,主要分析学习者的学习经历、专业背景、学习目的与期望、学习欠缺、学习态度等;学习内容分析,主要对教材内容中的重难点进行分析并确认,对基于知识逻辑建构的教材内容是否符合学生的心理发展顺序(特别是符合学生体验及情感的逻辑)进行判断与鉴别;学生心理特质,即分析学生的先行知识与体验,特别是关注其情绪状态与情绪体验,包括对军人、军队、军营、武器装备、参军入伍等的接受与热爱状况。

(二)课堂构建

实境课堂与情境课堂相互贯通,共同构成军事理论课主要的体验空间。其中,实境课堂教学为情境课堂教学提供经验基础与情感准备,情境课堂教学为实境课堂教学提供理性发展与情感生成的通道。

1.实境课堂

如前所述,实境课堂教学着眼于补充学生的具身性体验。由于教学时空限制,补充具身性体验的教学不可能在理论教学展开的任一环节根据需要随时随地开展,亦无法在短暂的教学体验中完成所有的教学内容并达成所有教学目标,其主要目的:一方面,开展"中国国防""信息化装备"部分相关内容教学;另一方面,根据军事理论教学的需要,并依据学生既有体验的不足提前展开,进而形成下一步情境课堂理论教学的体验基础。据此,在理论教学正式开展前集中安排了4课时的驻地军营现地体验教学。在内容安排上,根据学生期待及后续情境课堂教学情境构设的需要,实境课堂教学主要包括参观部队史馆、体验官兵一日生活、观摩营属武器装备等体验式教学内容。在教学组织上,采取问题牵引、分小组分阶段体验、组织官兵与师生面对面座谈、撰写心得体会、制作分享图片视频等环节实施。问题牵引,即当学生对军事问题尚未形成足够的感性认识之前,以问题牵引学生体验的重心和思维逻辑发展方向,并要求学生记录体验生发过程中产生的新问题,以形成下一步教学展开的基础;分小组分阶段体验,即营区官兵为学生开设多个教学点,学生以班组自组织的形式自由穿梭于各教学点展开体验学习,这种组织形式增强了教学展开的灵活性和开放性,有利于学生自由体验;面对面座谈,也采用班组自组织的形式,座谈中主要对教师课前设置及学生体验中新产生的问题进行交流;此外,整个过程中学生需要对自己的体验细节进行文字记录并摄影摄像(在部队纪律允许并获得官兵同意的情况下),返回学校后撰写心得体会、完成视频制作,并发送到作业云平台进行分享。

2. 情境课堂

情境课堂的体验教学主要包括设境唤情、开展探究、深化体验、情感激励四个环节。设境唤情是情境课堂展开的起点,即课堂中通过创设适当的教育情境,唤醒与活化学生的历构层,特别是结合其历构层的特点对学生的情绪进行诱发和激活,使其处于精神和身体能量调动的状态,并形成后续学习的积极动力。开展探究是情境课堂的生发点,即师生在入情入境的情况下,围绕理论问题展开探索。深化体验是情境课堂的深化点,即教师通过引导,帮助学生将自己作为客体的方式获得对象的感性信息,此环节中学生将进入主动体验的移情状态,而其临时性、浅尝性的情绪唤醒将伴随着个体认知的发展和情绪的积累,走向深度的情感和情操。情感激励是情境课堂的补给点,即教师在教学中适时给予学生情感支持,帮助其完成价值观的内化,并保持持续学习的良好情感状态。

（1）设境唤情

设境唤情中,设境是手段。李吉林的情境教学理论主要探讨了 8 种情境创设的方法,即生活展示情境、实物演示情境、图画再现情境、音乐渲染情境、表演体会情境、语言描绘情境、游戏比赛情境、网络拓展情境等,军事理论课综合采用以上方法。根据军事理论课教学内容和学生的特点,在创设情境中应努力找准与学生既有经验的"接合部",并着力利用好这些已有的经验:①着力利用好已有的学习和生活经验。军事理论与学习生活的隔离并非不可打通,关键是找到两者的"接合部"。比如,在讲授"冷兵器作战时期战斗力生成是一种基于体能主导的生成模式"时,再现学生以往学过的《将相和》故事情境及辛弃疾《永遇乐·京口北固亭怀古》中"廉颇老矣,尚能饭否"的诗文情境,当询问学生"为何冷兵器作战时期,看廉颇将军能否带兵打仗主要看其能否吃饭"的问题时,学生能迅速被情境唤醒,进入体验的临构态,并对知识进行体悟和确认。②着力利用好实境课堂中获得的军旅经验。实境课堂中学生具身性体验的教育效能和价值并非仅存于当时现地组织的实境课堂,它若能与后续教学内容结合,以独特的情境镶嵌在"中国国防""毛泽东军事思想""现代战争""信息化装备"等军事理论的知识体系中,不仅使情境的创设拓展了心理空间,而且由于实境课堂体验的真实性、经验发生的近时性,其在情境课堂产生的心理场将更具情感唤醒的效能。不过,教师需要在实境课堂教学阶段注重观察和收集学生达到深刻体验的情境和实物细节,并通过教学设计优化这一实现路径。③着力利用好军旅影视作品的观影经验。《亮剑》《士兵突击》《大学生士兵的故事》等军旅影视作品脍炙人口,其经典的情境片段学生往往耳熟能详,把这些情境片段有机融入课堂教学,对解构理论教学的抽象性和距离感、增强教学的趣味性和艺术性、拓展学生情境空间、提升学生的审美体验均有较好的效果。

设境唤情中,唤情既是目标,亦是以此表征和监测学生既有体验中的历构层被调动和激活的综合状况。有别于卢家楣情感教学模式的"诱发"环节主要调动学生惊奇和兴趣类情绪,这里唤起的"情"包含了惊奇、兴趣、熟悉、怜悯、同情、忧患、崇拜等教学所需调动的各种情绪和情感。设境唤情中除了"境"的唤醒作用,还要结合"问"和"情"的综合效能。问,即结合真实情境而适时提出问题,它既是情绪调动的重要手段,亦指向了体验超越浅表的方向。军事理论课的提问,要问出近距感和探究感,比如,在讲授"国防动员"一课时,先展示习近平主席在纪念中国人民志愿军抗美援朝出国作战 70 周年上一段提振人心士气的讲话[①]情境,然后询问学生"什么叫'组织起来'呢? 为什么'组织起来'了的中国人是惹不得的呢?"等问题,告诉学生这些问题都与国防动员有关,往往能快速拉近理论与现实的距离,让学生产生探究的动机;要问出惊奇感和趣味性,军事理论课中蕴含了大量的可引起学生惊奇和兴趣的元素,如武器装备、战斗故事、传奇人物、战略战术等,它是引发学生后续学习的强大心理动力;要问出深刻性,问题的深刻性是指问题直指事物现象背后的本质的能力,比如在讲解"战争"概念时,展示"打群架""武汉疫情保卫战""中美贸易战"的三张情境照片,同时描述其与战争的共性,在此基础上提问"打群架是战争吗""武汉疫情保卫战是战争吗""中美贸易战是战争吗",并追问为什么,往往能让学生形成问题确认,产生理论兴趣并增强问题意识。情,即教师用教学情境中的情绪和情感感染学生时,要注重发挥其语言、表情所表达情绪的诱发功能。例如,教师用幽默、俏皮的话语描述 1962 年中印边境自卫反击战的战况:"在中印边界东段,解放军战前针对印军可能的顽抗和增援做了充分的准备,但几场大规模战役结束后,解放军对印军的一触即溃却缺乏思想准备",配

---

① 2020 年 10 月 23 日,习近平主席在纪念中国人民志愿军抗美援朝出国作战 70 周年大会上指出:"现在中国人民已经组织起来了,是惹不得的。如果惹翻了,是不好办的!"

合适当的语音语调及无辜的表情，往往能引发学生哄堂大笑并迅速燃起爱国热情和国防自豪感。

（2）开展探究

此处的探究并非固定地按照科学研究的流程和范式组织教学，而是指学生在与教师共同构设的情境中形成问题、对问题进行确认、搜集信息、形成假设、展开逻辑或实证探讨的学习过程。教学中既可以采用归纳教学法，亦可以采用演绎教学法开展探究，军事理论课的教学任务多属于脱境化的远迁移教学任务，为了保证学生的体验性和教学的迁移效果，可采取以下策略开展探究：①情境贯穿。即引发思考的问题情境、示证举例的直观情境、唤醒体验的情感情境、引导想象的拓展情境等贯穿于探究思考的全程。当然，这里构建的情境，应尽量保持前后的贯通和主题的一致，以避免因不断创设不同的情境而冲淡主题且增加学生的认知负荷。②形成问题序列。对教学内容进行问题化梳理，使其以问题为主线串联，问题与问题之间不仅形成逻辑的关联，而且由易向难阶梯化设置；孤立的知识点尽量统整或删除，晦涩的专业术语提前向学生解释清楚。③使用蕴含情感倾向的教学支架。即在理论教学中，采用故事化、情境化、生活化的解释框架作为教学支架辅助教学，且这种解释框架本身蕴含了一定的情感和价值观倾向。如，在中印领土争端问题上，可用金庸武侠作品中的"杨康"角色作为辅助阐释的支架，解释印度蚕食中国领土的文化心理；再如，在中美关系走向"战略竞争"问题上，可用"老大、老二"的权力竞争框架，解释美方零和博弈的理论视角。一方面，这种"远取诸物，近取诸身"的支架教学，减轻了学生的认知负荷，易使学生获得"理智感"的满足；另一方面，支架中与生活、经验联系的情感和价值倾向在帮助学生获得理论性解释的同时，自然也促进情感的迁移和价值观的学习。

（3）深化体验

当学生被情绪唤醒时，其仅仅处于对对象被动理解的"感受态"，而情感的发展和体验的深化,需要教师予以适当的教学引导,使其处于主动移情的"体验态",这一过程中学生临时性、浅尝性的情绪唤醒将伴随着个体认知的发展和情绪的积累,走向深度的情感和情操。深化体验并非探究阶段完成后的一个独立阶段,它是与"开展探究"融合进行的一个过程,或者说开展探究仅仅是"体验"的认识论功能发挥,而这里的"深化体验"是指体验的情感价值论功能发挥,即通过体验完成生命意义的发现、确认与追求。为了实现体验的深刻性,一方面,可设置蕴含代入感的问题或问题序列。例如,在"中国周边军事安全"一课,设置了"a. 如果你是军委主席,你认为中国周边的哪些方向容易生乱生战?""b. 如果你是军委主席,你认为哪个方向应该是解放军的主要防御方向?""c. 如果你是军委主席,你会如何正确处理中国周边的军事安全威胁?"三个核心问题,不仅观照了理论和知识点上的逻辑关联,更充分考虑了学生的生活经验和情感体验,引导学生产生移情意义上的探索和思考。另一方面,要善于提示情境细节和引导情绪追忆。对情境细节的关注往往更能引发移情性体验,而同时引导学生进行情绪追忆,其移情训练的效果更佳。例如,展示一张叙利亚难民营女童的照片,当介绍完这张照片拍摄的具体情境,即一名战地记者用长筒镜头的相机拍摄该难民营女童时,她误以为相机是武器,不自觉地举起手来。这时候,如果教师引导学生关注女童抿紧的嘴唇、惊恐的眼神及举起的双手等细节,并稍作停顿让学生体验,往往能引发学生的移情;如果再引导学生追忆自己曾经的"惊惧"体验,并追问"如果你长期生活在这种惊惧的环境中会怎样",学生往往能真实感受到和平的可贵、国防的重要。

(4)情感激励

学生体验式学习过程中的情感,就其体验的内容来看,主要包括对教学内容消化吸收顺逆状况而形成的情感反应,以及对理论观点、原理、方法的认可状况而形成的情感反应。对于两种情感反应,均需要适时给予情感支持,帮助学生保持学习的动力,并完成价值观内化。对于第一种情感反应,即当学生遭遇学习困难和问题时,应适时优化反馈、评价的策略,以提升其自信心和胜任感,激发其后续学习的动力,这里将之称为持续性学习激励。例如,课堂教学中有些学生不敢参与互动讨论,教师可采用鼓励、肯定、期待、诱导、褒奖等方法进行激励。对于第二种情感反应,即当学生在教学中陷入价值冲突时,教师应主动显化可能发生冲突的情境,帮助学生锻炼价值选择的能力,并在此过程中给予情感支持和帮助,这里称为价值观内化激励。它的有效实施,有待教师在教学前对学生的既有认知和授课中可能产生的价值与情感冲突进行评估,在教学环节进行典型激励、意义支持和情感补偿。它主要包括冲突显化、示证体验、典型引领等引导和激励环节。冲突显化,即通过调查摸底、观察反馈等了解学生价值观学习的冲突所在,通过教师引导或小组讨论的方式让学生对这种价值冲突自明,比如学生明知道服兵役是大学生的国防义务,但仍对参军入伍产生情感排斥,应通过谈心、讨论,让学生自己明白其情感链条中的冲突点。示证体验,即教师在理论教学中,不仅要贯通理论逻辑,更要在理论逻辑中穿插自己独特、鲜活的体验,因为"只有立足于教师的体验与理解的'教',才能打动学生、感染学生,才能引发学生类似的体验,才能是优质的"[1];教师不仅自己要经常示证自己的体验,还要鼓励学生相互示证交流体验。典型激励,即针对教学中学生的价值冲突,请先进典型参与到课堂教学,如安排本校优秀大学生士兵直接进入(或在线接入)课堂,通过典型引领、答疑解惑、示证体验等方式给予学生相应的认知支持和情感激励。

(三)评价反馈

采用质性研究与量化研究相结合的方法对学生学习前后的状况进行分析。质性研究即通过访谈与分析学生心得体会的方式了解学生的认知

---

① 罗祖兵,郭超华.知识学习的体验属性及其教学意蕴[J].教育研究,2019(11):81-90.

和情感变化；量化研究即通过《普通高校大学生综合国防素质量表》进行前后测研究，通过评价分析学生对课程的感受、认知与情感变化、素质发展状况，并将其反馈到需求分析这一环节，进一步优化课程质量。

第五节　军事理论课体验式教学情感模式的教学实验研究

一、研究方法

为探索体验式教学的情感模式对大学生综合国防素质的影响,本研究采用前后测准实验设计。选取在自然条件下形成的两个同质性较好的平行教学班,随机定为实验班与控制班,在两个班中分别开展体验式教学的情感模式与传统模式教学,并运用科学的测量工具进行前后测,以探讨体验式教学的情感模式对培养大学生综合国防素质的作用。

(一)研究对象

本研究选取浙江某综合性大学 2021 级大学二年级学生为研究对象,他们分处两个平行班级,均修读"军事理论课",将两个班级随机定为实验班和控制班。两个班级共 115 名学生,其中,实验班学生 59 名(男 35 名,女 24 名),年龄在 16~22 岁($M=19.07$,$SD=1.02$);控制班学生 56 名(男 34 名,女 22 名),年龄在 17~22 岁($M=19.14$,$SD=1.04$)。两个班级学生主修的专业涉及化学、物理、数学、生物、医学、教育、体育等,两个班均经历一学期共 32 课时的教学实验,使用相同的教材,由同一位教师授课,拥有同样的教室授课环境和学习生活环境。

(二)研究工具

采用前期编制的《普通高校大学生综合国防素质量表》进行测量。量表共 35 个题项,均采用李克特五级量表,得分越高代表其综合国防素质越强。量表包括国防认知、国防关注、国防兴趣、国防身心基础、国防技能、国防价值情感、国防行为取向、国防个人效能等 8 个维度,经实证检验,量表具有良好的信效度。

(三)实验设计与组织

本研究采用前后测准实验设计。自变量是教学干预阶段(干预前、干预后)、教学模式(两种教学模式:传统教学模式、情感教学模式),其中教学干预阶段为被试内变量,教学模式为被试间变量;因变量是大学生综合国防素质。

1. 实验准备与前测

本研究从 2021 年度秋冬学期开始进行。原因有两个:一方面,由于该校教务部门课程预置,秋冬学期军事理论课的学生多为大二学生,而春夏学期大学一、二年级学生较为混杂;另一方面,秋冬学期驻地部队在营时间较长,方便开展学生的体验式教学。研究开始前,使用《普通高校大学生综合国防素质量表》对两个班级学生施测。施测前向学生明确问卷的目的、问卷结构与填写标准等,要求学生客观填写,每份问卷耗时约 10 分钟。

2. 授课干预

本研究的控制班采用传统教学模式授课,实验班以体验式教学的情感模式实施教学。两者的主要区别为:①控制班不安排现地实境课堂的教学,而实验班在教学第二周安排相应的教学内容。②实验班校内情境课堂的教学按照设境唤情、开展探究、深化体验、情感激励的教学环节组织,在情感激励环节安排本校大学生士兵在线接入课堂与学生互动、本校航空航天学院教师做客课堂讲自己服务国防的专业故事等环节;控制班则采用传统授课模式授课,教师主要采用讲授形式的接受式教学,教师的教学设计主要基于理论内容的学理逻辑而非学生的体验逻辑,课堂中亦没有安排情感激励的相关活动。③在考试与评价上,两个班级均采用平时成绩与期末成绩相结合的考核方法,其中平时成绩占比60%,期末考试成绩占比40%,期末考试均采用开卷的方式;有所不同的是,控制班的平时成绩主要考查学生的课堂参与、课程论文情况,而实验班的平时成绩主要考查学生的课堂参与、实境课堂小组组织、撰写心得体会、视频分享等情况。经历一学期的教学后,教师再次使用《普通高校大学生综合国防素质量表》进行测试。

3. 后测

与前测过程完全一致,收集大学生综合国防素质的相关数据。由于与前测相隔时间有半年之久,实验过程中亦从未对测评工具进行讲评分析,因此前后测使用相同测评工具产生的训练效应可忽略不计,后测成绩可客观反映大学生当时的综合国防素质水平。

二、研究结果

(一)实验班与控制班综合国防素质总分及各维度得分的前测对比

在授课干预前,采用独立样本 T 检验对两个班的综合国防素质总分及各维度得分进行分析,发现均不存在显著差异($p > 0.05$),表明两班学生的综合国防素质总体及各维度上均具有较好的同质性,如表4.1所示。

表 4.1　实验班与控制班综合国防素质总分及各维度得分的前测对比($M\pm SD$)

	实验班($n=59$)	控制班($n=56$)	t 值	p 值
总分	3.08 ± 0.45	3.16 ± 0.42	-0.99	0.32
国防身心基础	2.77 ± 0.77	2.74 ± 0.73	0.17	0.87
国防认知	1.86 ± 0.53	1.90 ± 0.55	-0.43	0.67
国防技能	2.76 ± 1.03	2.79 ± 1.00	-0.17	0.87
国防价值情感	4.24 ± 0.63	4.30 ± 0.51	-0.57	0.57
国防兴趣	3.01 ± 0.83	3.18 ± 0.73	-1.17	0.25
国防个人效能	2.96 ± 0.68	3.19 ± 0.70	-1.79	0.08
国防关注	3.57 ± 0.67	3.56 ± 0.65	0.07	0.95
国防行为取向	3.49 ± 0.80	3.63 ± 0.63	-1.08	0.28

（二）两种教学模式对大学生综合国防素质总体的干预效果

为检验不同教学模式干预前后大学生综合国防素质的发展状况,进行 2(干预前、干预后)×2(两种教学模式:传统教学模式、情感教学模式)重复测量方差分析,结果发现,干预前后主效应显著[$F(1,113)=106.05$,$p<0.001$,$\eta^2=0.484$],组别主效应不显著[$F(1,113)=3.22$,$p>0.05$,$\eta^2=0.028$],但教学干预前后和教学模式的交互效应显著[$F(1,113)=48.08$,$p<0.001$,$\eta^2=0.298$]。

进一步展开简单效应分析(见图 4.2),发现两种教学模式干预后的大学生综合国防素质总分均显著高于干预前(传统教学模式 $p<0.05$;情感教学模式 $p<0.001$),而情感教育模式干预后的总分显著高于传统教学模式干预后的总分($p<0.001$)。这说明两种教学模式对综合国防素质总体均有较好的培育效果,而情感教学模式的培育效果更为突出。

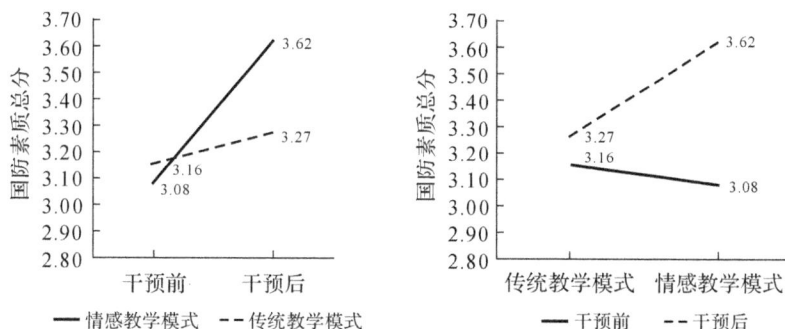

图 4.2　不同教学模式干预前后在综合国防素质总分上的交互作用

(三)两种教学模式对大学生综合国防素质各维度的干预效果

进一步检验不同教学模式干预前后大学生综合国防素质各维度的发展情况,进行 2(干预前、干预后)×2(两种教学模式:传统教学模式、情感教学模式)重复测量方差分析,有如下发现。

1. 国防认知维度

干预前后主效应显著$[F(1,113)=290.67,p<0.001,\eta^2=0.720]$,组别主效应显著$[F(1,113)=14.37,p<0.001,\eta^2=0.113]$,教学干预前后和教学模式的交互效应显著$(F(1,113)=30.45,p<0.001,\eta^2=0.212)$。进一步展开简单效应分析(见图 4.3),发现两种教学模式干预后在国防认知维度的得分均显著高于干预前$(p<0.001)$,而体验式教学的情感教育模式干预后在国防认知维度的得分显著高于传统教学模式干预后的得分$(p<0.001)$。这说明两种教学模式对国防认知均有较好的培育效果,而体验式教学的情感教学模式的培育效果更为突出。

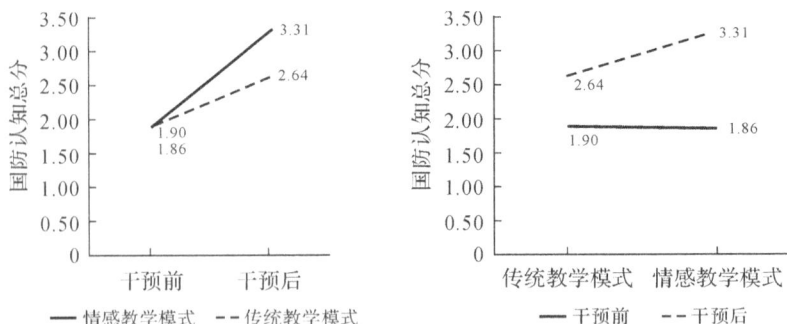

图 4.3　不同教学模式干预前后在国防认知维度上的交互作用

2. 国防关注维度

干预前后主效应显著$[F(1,113)=42.42,p<0.001,\eta^2=0.273]$，组别主效应不显著$[F(1,113)=3.41,p>0.05,\eta^2=0.049]$，但教学干预前后和教学模式的交互效应显著$[F(1,113)=11.70,p<0.001,\eta^2=0.094]$。进一步展开简单效应分析(见图 4.4)，发现在国防关注维度,两种教学模式干预后均显著高于干预前(传统教学模式 $p<0.05$;情感教学模式 $p<0.001$),而体验式教学的情感教育模式干预后的得分显著高于传统教学模式干预后的得分($p<0.01$)。

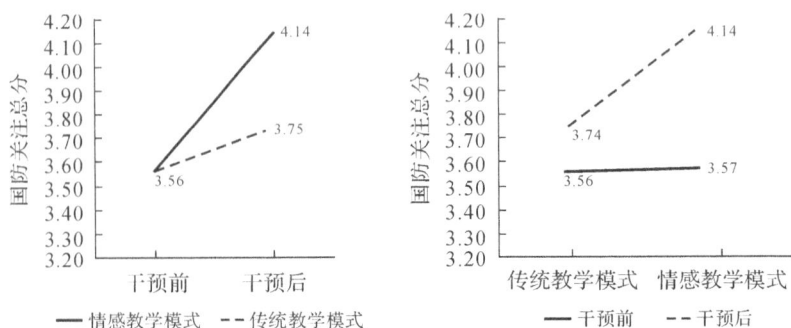

图 4.4　不同教学模式干预前后在国防关注维度上的交互作用

3. 国防兴趣维度

干预前后主效应显著$[F(1,113)=56.23,p<0.001,\eta^2=0.332]$，组别

主效应显著$[F(1,113)=6.88,p<0.01,\eta^2=0.057]$，教学干预前后和教学模式的交互效应显著$[F(1,113)=49.77,p<0.001,\eta^2=0.306]$。进一步展开简单效应分析(见图4.5)，发现传统教学模式干预前后在国防兴趣维度的变化并不显著$(p>0.05)$，而在体验式教学的情感教学模式干预后在该维度的得分显著高于干预前$(p<0.001)$。

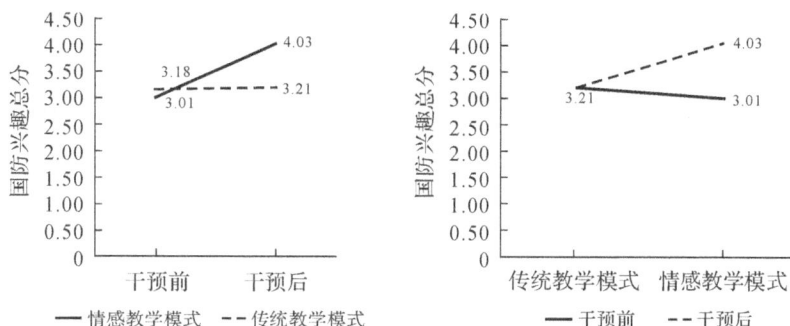

图4.5　不同教学模式干预前后在国防兴趣维度上的交互作用

4.国防身心基础维度

干预前后主效应不显著$[F(1,113)=2.42,p>0.05,\eta^2=0.021]$，组别主效应不显著$[F(1,113)=0.24,p>0.05,\eta^2=0.002]$，教学干预前后和教学模式的交互效应也不显著$[F(1,113)=1.22,p>0.05,\eta^2=0.011]$，表明无论是传统教学模式还是体验式教学的情感教学模式,在国防身心基础维度都没有明显的干预效果。

5.国防技能维度

干预前后主效应不显著$[F(1,113)=0.98,p>0.05,\eta^2=0.009]$，组别主效应不显著$[F(1,113)=0.013,p>0.05,\eta^2=0.001]$，教学干预前后和教学模式的交互效应不显著$[F(1,113)=0.04,p>0.05,\eta^2=0.001]$，表明无论是传统教学模式还是体验式教学的情感教学模式,在国防技能维度都没有明显的干预效果。

6.国防价值情感维度

干预前后主效应显著[$F(1,113)=10.22,p<0.001,\eta^2=0.083$],组别主效应显著[$F(1,113)=4.05,p<0.001,\eta^2=0.035$],教学干预前后和教学模式的交互效应显著[$F(1,113)=22.09,p<0.001,\eta^2=0.163$]。进一步展开简单效应分析(见图 4.6),发现传统教学模式干预前后在国防价值情感维度的变化并不显著($p>0.05$),而体验式教学的情感教学模式干预后在该维度的得分显著高于干预前($p<0.001$)。

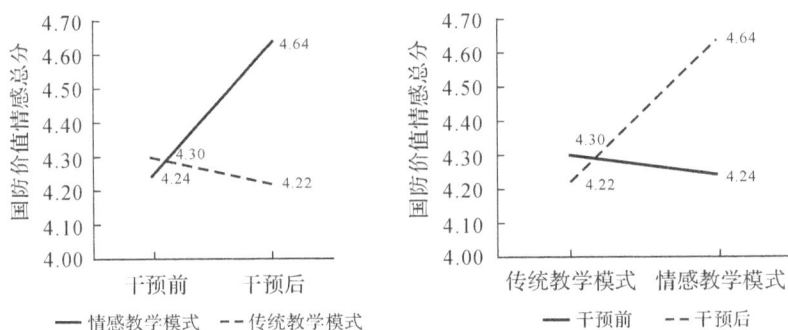

图 4.6　不同教学模式干预前后在国防价值情感维度上的交互作用

7.国防行为取向维度

干预前后主效应显著[$F(1,113)=15.628,p<0.001,\eta^2=0.122$],组别主效应不显著[$F(1,113)=3.127,p>0.05,\eta^2=0.027$],但教学干预前后和教学模式的交互效应显著[$F(1,113)=33.33,p<0.001,\eta^2=0.228$]。进一步展开简单效应分析(见图 4.7),发现传统教学模式干预前后在国防行为取向维度的变化并不显著($p>0.05$),而体验式教学的情感教学模式干预后在该维度的得分显著高于干预前($p<0.001$)。

8.国防个人效能维度

干预前后主效应不显著[$F(1,113)=1.35,p>0.05,\eta^2=0.012$],组别主效应不显著[$F(1,113)=2.53,p>0.05,\eta^2=0.022$],教学干预前后和教

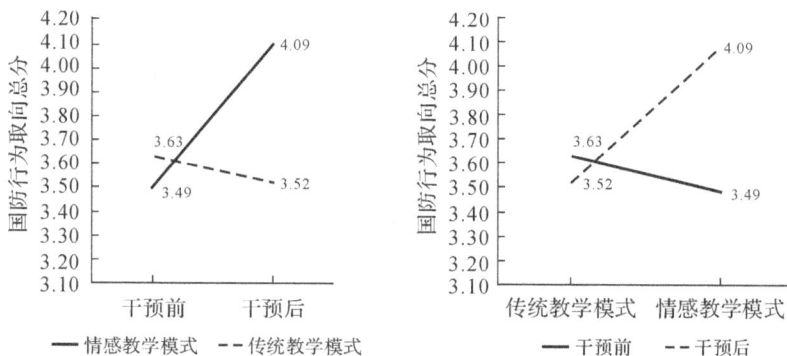

图 4.7　不同教学模式干预前后在国防行为取向维度上的交互作用

学模式的交互效应不显著$[F(1,113)=0.55,p>0.05,\eta^2=0.005]$，表明无论是传统教学模式还是体验式教学的情感教学模式，在国防个人效能维度都没有明显的干预效果。

三、结论与讨论

本研究构建了大学生军事理论课体验式教学的情感模式，并通过教学实验考查其对大学生综合国防素质的干预效果。经实验数据分析，可以得出以下结论。

（一）两种教学模式对大学生综合国防素质培养均具有效果

一方面，研究发现两种教学模式对大学生综合国防素质总体及国防认知、国防关注维度均有明显的干预效果。这既凸显了军事理论课在大学生国防素质教育中的功能作用，也揭示了这一作用的基本机理：军事理论课以军事知识传递、理论逻辑构建为教学介入的基本途径，它在提升大学生认识国防现象及其规律的能力的同时，催生了大学生新的认知需求，进而促进了大学生的国防关注行为。

另一方面，两种教学模式对大学生综合国防素质的培育局限于特定的领域与维度。首先,两种教学模式对大学生国防身心基础的影响均不显著。这符合基本的经验与常识,大学生身心素质主要受体育锻炼、生活作息、饮食习惯、电子产品使用等的影响①,而与思想理论教育的军事理论课并无直接关联。本研究的被试经过一学期的学校生活,其身心素质并无明显的变化,这与之前相关的研究结果一致,其或与大学生相比高中时期而言不够规律的生活作息和体育锻炼有关。其次,两种教学模式对大学生国防技能的影响均不显著。这是因为军事理论教学内容并未涵盖国防技能的关联知识,而国防技能培训主要以集中军训的方式组织。据事后访谈了解,受疫情影响,被试大学生在教学干预前后均未参加过集中军训,故其国防技能维度前后测未发生明显的变化。最后,两种教学模式对大学生国防个人效能的影响均不显著。国防个人效能是主体对自身参与并完成国防活动的信心、判断与感受,是个人效能感在国防活动中的体现,主要受个体期望、既有经验、身心状态、实践机会等诸多因素的影响②。军事理论课让学生了解中国国防建设的历程、取得的成就,能有效提升学生的国防自豪感与自信心,而对国防个人效能的干预不多。

(二)相较于传统教学模式,情感教学模式在大学生综合国防素质培养上具有显著优势

本研究发现,相较于传统教学模式,情感教学模式在大学生综合国防素质总分以及国防认知、国防价值情感、国防兴趣、国防关注、国防行为取向等维度上有更显著的干预效果。首先,相较于传统教学模式,情感教学模式对国防认知的干预效果更显著。究其原因,一是情感模式的教学注重

---

① 彭玉林,杨军,闫建华.国内外大学生生活方式与体质健康研究现状[J].中国学校卫生,2020 (10):1583-1587;李洁明,刘会平,洪煜,等.身体功能训练和饮食干预对肥胖男大学生功能性动作和体质健康的影响[J].中国学校卫生,2020(8):1138-1142.
② 祝玮.参与网球运动的大学生身体活动、主观幸福感、锻炼动机和自我效能感的关系研究 [D].扬州:扬州大学,2021:6.

唤起学生的惊奇、兴趣的心向,能够对学生的学习产生驱动、诱导和有效调节的作用[1];二是体验式教学设计能有效补充学生的国防感性认识,有利于帮助学生进行理论抽象;三是符合个人生活经验和情感体验的问题序列,有利于帮助学生主动进行思维建构;四是教学支架对学生认知的"减负"作用,能有效满足学生的求知需要并使其产生轻松、愉快的情绪反应;五是学习过程中教师的情感激励有利于学生形成知识学习的持续动力。

其次,传统教学模式对国防兴趣、国防价值情感维度的干预效果不明显,而体验式教学的情感教学模式干预效果显著。这集中反映了传统的理论教学通达情感及价值观学习的局限性,即情感与价值观学习并不能通过教师的知识讲解直接"教"给学生,而必须通过学生"体悟"这一中介环节来实现。[2] 情感教学模式的优势则表现在,它让学生在自己生动具体的感受和体验中产生思考、生成意义、引发共鸣、内化德行,并力争唤起认知与情感因素的最佳互动,获得知识学习与价值观习得的双重收益。

最后,相较于传统教学模式,体验式教学的情感教学模式对大学生国防关注和国防行为取向的干预效果更显著。一方面,传统教学模式对大学生国防关注的干预效果明显,而体验式教学的情感教学模式干预效果更为显著。传统教学模式对大学生国防关注维度的积极影响可能与大学生国防认知能力的提升有关,根据计划行为理论(theory of planned behavior, TPB),个人的行为与行为的能力有关[3],传统教学模式对大学生国防认知的能力产生了明显的干预效果,这为国防关注行为的产生提供了更多可能。体验式教学的情感模式对国防关注维度的干预效果更显著,不仅是因为这种教学模式能更好地提升大学生的国防认知,形成其国防关注的更好的能力基础,而且有利于学生产生浓厚的国防兴趣,进而形成大学生国防

---

①　朱小蔓.情感教育论纲(第3版)[M].南京:南京师范大学出版社,2019:37.
②　钱海红.情感教学目标的优化达成[J].思想政治课教学,2018(1):44-47.
③　林琳.消费者App移动购物行为的影响因素研究[D].北京:北京理工大学,2015:16.

关注的指向性行为。另一方面,传统教学模式对大学生国防行为取向的干预效果不显著,而情感教学模式在该维度具有显著的干预效果。这是因为,人的认识并不必然导致行为,从国防认知发展到国防履职行为发生,情感作为主体在对象性关系中的主观体验,往往担负着中介性作用[①]和交互性作用[②]。中介性作用往往打通了"该不该做"和"去不去做"之间的道路,而交互性作用影响行为的坚定性和持久性。情感教学模式对大学生国防行为取向的显著干预效果,体现了这一教学模式旨在"改造世界"而不仅是"认知世界"的更高的教育教学价值。

综上,在国际政治斗争与战略竞争日益尖锐复杂的今天,在大学生日益成为国家兵役构成和国家战略行为实施的主体性力量的背景下,一定要进一步强化大学生军事理论课的课程地位和教育功能,优化综合国防素质培育的实践路径,推动体验生成与情感优化在教育教学中的地位和作用,实现课程育人功能、社会服务功能与国家战略功能的综合效益。

① 朱小蔓.情感教育论纲(第3版)[M].南京:南京师范大学出版社,2019:9.
② 杜文东,吕航,杨世昌.心理学基础[M].北京:人民卫生出版社,2013:235-236.

参考文献

一、外文文献

Bartone P T, et al. Psychosocial social development and leader performance of miliary officer cadets [J]. Leadership Quarterly, 2007,18(5):490-504.

Bynum W F, Porter R. Oxford Dictionary of Scientific Quotations[M]. New York: Oxford University Press, 2005.

Crow M M, Silver M. American education systems in a global context[J]. Technology in Society, 2008, 30(3-4):279-291.

Dew J R. The future of American higher education[J]. World Future Review: A Journal of Strategic Foresight, 2012, 4(4):7-13.

Fabrigar L R, Wegener D T, MacCallum R C, et al. Evaluating the use of exploratory factor analysis in psychological research [J]. Psychological Methods, 1999, 4(3):272-299.

Fredrickson B L. The role of positive emotions in positive psychology: The broaden-and-build theory of positive emotions [J]. American Psychologist, 2004, 359(1449):1367-1377.

Glaser B, Strauss A. The Discovery of Grounded Theory: Strategies for Qualitative Research [M]. Chicago: Aldine Publishing Company, 1967.

Glaser B. Theoretical Sensitivity[M]. Mill Valley: The Sociology Press, 1978.

Hǎhǎianua F, Manasiab L. Socio-emotional intelligence for successful higher military education. A case study approach [J]. Social and Behavioral Sciences, 2014, 142:389-395.

Hair J F, Black W C, Babin B J, et al. Multivariate Data Analysis (7th Edition)[M]. London: Pearson Education Limited, 2013.

Huberman A M, et al. Qualitative Data Analysis: A Expended Sourcebook[M]. Thousand Oaks: Sage Publications, 1994.

Kline R B, Little T D. Principles and Practice of Structural Equation Modeling[M]. New York: Guilford Press, 2011.

Kolb D A. Experiential Learning: Experience as the Source of Learning and Development[M]. New Jersey: Prentice Hall, 1984.

National Defense University. Officer Profession Military Education Policy[R]. Washington: US Government Printing Office, 2005.

Patton M Q. Qualitative Evaluation and Research Methods[M]. Newbury Park: Sage Publications, 1990.

Shomaker L B, Tanofsky-Kraff M, Zocca J M, et al. Depressive symptoms and cardiorespiratory fitness in obese adolescents [J]. The Journal of Adolescent Health: Official Publication of the Society for Adolescent Medicine, 2012, 50(1): 87-92.

二、中文文献

爱莉诺·达克沃斯. 精彩观念的诞生: 达克沃斯教学论文集[M]. 张华, 译. 北京: 高等教育出版社, 2005.

陈亮, 朱德全. 学习体验的发生结构与教学策略[J]. 高等教育研究, 2007(11): 74-77.

陈亮. 体验式教学设计研究[D]. 重庆: 西南大学, 2008.

陈敏, 嵇伟明. 大学生国防素质影响因素的进一步分析[J]. 商丘师范学院学报, 2012(3): 38-41.

陈蓉辉.论钢琴教育活动与学生情感发展的内在机制[J].东北师大学报,
　　2001(6):109-112.

陈文彬,陈艳波.高校国防教育教师成长的困扰与对策[J].中国成人教育,
　　2012(19):29-31.

陈雯.混合式教学在军事理论的应用[J].中国军转民,2021(18):73-74.

陈向明.扎根理论在中国教育研究中的运用探索[J].北京大学教育评论,
　　2015(1):2-15.

陈旭远,刘冬岩.促进学生体验的教学策略[J].中国教育学刊,2004(4):
　　50-53.

陈佑清.在与活动的关联中理解素养问题:一种把握学生素养问题的方法
　　论[J].教育研究,2019(6):60-69.

程春,王薇.从普通高校军事课教学大纲改革看军事理论课的功能校准与
　　拓展[J].科教导刊(下旬),2019(33):76-77.

迟仁成.高校国防教育评价初探[J].航海教育研究,1994(1):21-23.

戴维·梅里尔.首要教学原理[M].盛群力,钟丽佳,等译.福州:福建教育
　　出版社,2016.

丁建安.高校军事理论课与思想政治教育课的关系整合研究[J].中国劳动
　　关系学院学报,2016(1):108-111.

丁锦宏,葛明兰.情感文明学校建设:一种情感教育的实践探索[J].教育研
　　究与实验,2018(6):34-38.

杜文东,吕航,杨世昌.心理学基础[M].北京:人民卫生出版社,2013.

E.西尔格德.西尔格德心理学导论[M].洪光远,译.成都:四川人民出版
　　社,2021.

方熹,潘梦雯.道德情感教育探微[J].学校党建与思想教育,2019(7):33-35.

傅勇.非传统安全与中国的新安全观[J].世界经济研究,2004(7):10-14.

高伟.体验:教育哲学新的生长点[J].湖南师范大学教育科学学报,2003

(4):3-8.

高岩,王久华.成功智力:智力研究的新视角[J].教育探索,2001(8):37-
　　38.

顾明远.中国教育的文化基础[M].太原:山西教育出版社,2018.

郭景萍.情感文明建设:情感控制与情感赋权[J].广东社会科学,2009(2):
　　160-166.

韩康.基于整合高校国防教育与思想政治教育资源的思考[J].党史博采
　　(下),2021(4):59-61.

侯杰泰,温忠麟,成子娟.结构方程模型及其应用[M].北京:教育科学出版
　　社,2004.

胡赛.SERVQUAL量表用于我国社区卫生服务质量评价的适用性研究
　　[D].武汉:华中科技大学,2018.

胡小丽.体验式教学在高中思想政治课中的运用研究[D].武汉:华中师范
　　大学,2021.

胡勇胜.军事教师队伍:新时期高校国防教育的突破口[J].学理论,2013
　　(36):344-346.

胡勇胜.论高校国防教育的评价指标体系[J].湖南科技学院学报,2008
　　(1):205-207.

胡勇胜.浅论高校军事理论课体验式教学模式的构建[J].文教资料,2019
　　(6):177-178.

黄伟东.大学生国防意识的特点研究[D].厦门:厦门大学,2008.

黄向阳.德育原理[M].上海:华东师范大学出版社,2000.

黄亚丽.体验式教学在高中思想政治课教学中的应用研究[D].洛阳:洛阳
　　师范学院,2022.

简小珠,戴步云.SPSS 23.0统计分析[M].北京:北京师范大学出版社,
　　2017.

焦立梅.例说体验式教学的实现路径[J].中学政治教学参考,2021(46): 23-25.

靳代平,王新新,姚鹏.品牌粉丝因何而狂热?——基于内部人视角的扎根 研究[J].管理世界,2016(9):102-119.

凯西·卡麦兹.建构扎根理论:质性研究实践指南[M].边国英,译.重庆: 重庆大学出版社,2009.

李宏.提升高校军事理论课教学实效性的对策分析及其实践教学模式构建 探索[J].中国校外教育,2019(15):127-128.

李洁明,刘会平,洪煜,等.身体功能训练和饮食干预对肥胖男大学生功能 性动作和体质健康的影响[J].中国学校卫生,2020(8):1138-1142.

李净雅.翻转课堂教学模式在高校军事理论课教学中的应用研究:以齐齐 哈尔医学院为例[J].理论观察,2021(5):156-158.

李峻峰,李军.普通高等学校国防教育资源整合限制性因素探析[J].毕节 学院学报,2010(9):102-106.

李科."综合国防素质"概念提出的理论逻辑和现实意义[J].天津大学学报 (社会科学版),2019(6):537-542.

李科.从教学大纲的演变看普通高校国防教育课程的特点与发展趋势[J]. 华南理工大学学报(社会科学版),2012(3):105-110.

李科.高校军事理论课课程思政教学体系探析[J].航海教育研究,2021 (4):23-27.

李龙伊,贾启龙,安普忠.筑牢强军根基的源头工程:我国全面展开大学生 征兵工作十周年综述[N].人民日报,2019-09-23.

李萌欣,吕建平.推进高校军事课程线上教学改革的路径探析[J].学校党 建与思想教育,2022(3):70-72.

罗伯特·F.德威利斯.量表编制:理论与应用(原书第3版)[M].席仲恩, 杜钰,译.重庆:重庆大学出版社,2016.

李秀伟.唤醒情感[M].济南:山东教育出版社,2007.

李燕萍,陈武,陈建安.创客导向型平台组织的生态网络要素及能力生成研究[J].经济管理,2017(6):101-115.

李英.体验:一种教育学的话语:初探教育学的体验范畴[J].教育理论与实践,2001(12):1-5.

李玉斌,苏丹蕊,李秋雨,等.面向混合学习环境的大学生深度学习量表编制[J].电化教育研究,2018(12):94-101.

李正新.高校大学生参军入伍的动因和行动逻辑研究[J].青年探索,2021(5):102-112.

李志宏.体育教育理论与实践[M].哈尔滨:哈尔滨地图出版社,2009.

郦平.利他之爱何以可能:来自道德情感主义的回应[J].中州学刊,2021(8):109-115.

廉志端.孙子权变思维与现代企业经营谋略[J].商业研究,2001(1):33-34.

廖济忠,胡代松.论国防教育的系统性与大学生综合素质培养[J].高等教育研究学报,2008(1):33-35.

林崇德.智力结构与多元智力[J].北京师范大学学报(人文社会科学版),2002(1):5-13.

林琳.消费者App移动购物行为的影响因素研究[D].北京:北京理工大学,2015.

蔺玄晋.适应国家战略需要的高校教育改革研究:以高校学生军训改革为例[J].中国高技,2018(9):54-56.

刘成志.《孙子兵法》与中医学谋略思维形式初探[J].浙江中医杂志,1994(1):2-4.

刘江永.从国际战略视角解读可持续安全真谛[J].国际观察,2014(6):2-3.

刘淋淋.普通高校军事理论课程评价研究[D].厦门:厦门大学,2019.

刘勤学,苏文亮,方晓义,等.大学生网络使用利弊权衡问卷的编制[J].心理发展与教育,2010(2):176-182.

刘万军.必须重视抓好青少年的国防教育[J].国防,2005(1):38.

刘笑语."课程思政"引领下高校国防教育课程建设研究[D].南京:东南大学,2020.

刘跃进.政治安全的内容及在国家安全体系中的地位[J].国际安全研究,2016(6):3-21.

隆意.大学生国防意识研究[D].苏州:苏州大学,2004.

卢家楣.情感教学模式的理论与实证研究[M].上海:上海人民出版社,2008.

卢家楣.情感教学心理学[M].上海:上海教育出版社,2000.

鲁高奇,刘世江.浅析高校国防教育对提高大学生综合素质的独特作用[J].科技致富向导,2011(7):56-57.

陆海燕.体验式教学在军事理论课中的应用探析[J].学理论,2016(11):227-229.

陆有铨.躁动的百年:20世纪的教育历程[M].济南:山东教育出版社,1997.

罗伯特·F.德威利斯.量表编制:理论与应用[M].席仲恩,杜钰,译.重庆大学出版社,2016.

罗洪俊.普通高校大学生国防素质的培养[D].长沙:中南大学,2007.

罗祖兵,郭超华.知识学习的体验属性及其教学意蕴[J].教育研究,2019(11):81-90.

马多秀.情感教育研究的回顾与展望[J].教育研究,2017(1):52-61.

马文璐.新时代大学生国防教育研究[D].沈阳:沈阳农业大学,2020.

潘卫成,齐红梅,周景晖.程登科体育思想分析[J].体育文化导刊,2014(12):158-160.

潘志琛.论我国近代学校体育思想发展演变及其特点[J].天津体育学院学报,1990(1):61-69.

庞维国.论体验式学习[J].全球教育展望,2011(6):9-15.

裴国镧.高中思想政治课体验式教学实施策略研究[D].桂林:广西师范大学,2021.

彭玉林,杨军,闫建华.国内外大学生生活方式与体质健康研究现状[J].中国学校卫生,2020(10):1583-1587.

钱海红.情感教学目标的优化达成[J].思想政治课教学,2018(1):44-47.

钱津津.基于 AHP-FCEM 高校国防教育实效评价体系研究[J].浙江理工大学学报(社会科学版),2016(6):590-594.

乔晓阳.中华人民共和国国家安全法释义[M].北京:法律出版社,2016.

任德新,张芊.论道德情感对道德理性与道德意志的驱动[J].南京社会科学,2006(12):50-54.

石虎.普通高等学校国防教育的功能研究[D].武汉:武汉理工大学,2008.

石金亮,任莉英.论高校国防教育与体育文化的和谐共存[J].中国成人教育,2010(4):19-20.

石中英.知识转型与教育改革[M].北京:教育科学出版社,2001.

史静琤,莫显昆,孙振球.量表编制中内容效度指数的应用[J].中南大学学报(医学版),2012(2):49-52.

宋逸成,李有祥,徐东波.普通高校军事教师培训制度改革与建设[J].江苏社会科学,2011(S1):151-154.

宋逸成.论高等教育发展的国防教育匹配[J].江苏社会科学,2010(S1):26-29.

苏梁波.全球化时代中国军事文化安全问题研究[D].南京:南京师范大学,2012.

苏文亮,刘勤学,方晓义.大学生上网诱惑情境量表的编制[J].中国心理卫生杂志,2012(4):299-304.

孙贺.高校国防教育与素质教育相互关系研究[J].管理观察,2015(3):124-125.

孙华刚.提升高校学生军训教育质量的研究[D].杭州:浙江工商大学,2021.

田国秀,刘荣敏.体验式学习:中学思想政治课情感目标实现的流程设计[J].当代教育科学,2012(4):13-15.

田玲,周园.高校国防素质教育手段探析[J].科技资讯,2006(33):100-101.

童庆炳.现代心理美学[M].北京:中国社会科学出版社,1993.

王灿明.情境:意涵、特征与建构:李吉林的情境观探析[J].教育研究,2020(9):81-89.

王国轩,王秀梅.孔子家语译注[M].北京:中华书局,2009.

王红星.江苏省普通高校国防教育评价指标体系完善研究[D].桂林:广西师范大学,2014.

王健,马军,王翔.健康教育学[M].北京:高等教育出版社,2012.

王进.《军事理论》课的混合式教学模式构建研究:"课程思政"视角下[J].学理论,2018(11):211-213.

王坤,朱小蔓.情感文明:教师育人素养的关键价值尺度[J].中国教育学刊,2019(5):75-79.

王平,朱小蔓.建设情感文明:当代学校教育的必然担当[J].教育研究,2015(12):12-19.

王平.课堂教学设计如何通达价值观:基于情感教育的探索[J].中国教育学刊,2021(6):76-81.

王平.寓德于情,以爱育人:专访情感教育研究的开拓与实践者朱小蔓教授[J].教师教育研究,2014(3):69-74.

王平.着眼于情感:以促进学习为目标的价值观教育[J].教育学报,2022(1):45-47.

王世安.体验式教学的实践路径[J].中学政治教学参考,2021(22):20-21.

王文静.情境认知与学习理论:对建构主义的发展[J].全球教育展望,2005(4):56-59.

王向方.军训对大学新生体质影响的实验研究[J].军事体育学报,2014(4):109-112.

王晓静.河北省普通高校大学生的国防教育研究[D].秦皇岛:燕山大学,2014.

王英,李汉超.军训对提升大学生自我管理能力的影响[J].科教导刊(下旬),2016(15):164-166.

韦绪任,韩康.退伍大学生优势视角下地方高校军事理论课教学改革研究[J].旅游纵览(下半月),2019(6):226-227.

文辅相.素质教育是一种教育观而不是一种教育模式[J].高等教育研究,2000(3):19-32.

文玉萍.高职高专军事理论教师队伍的建设[J].继续教育研究,2009(6):116-117.

吴博.国防教育对民办高校大学生意志力的影响[J].价值工程,2012(14):262-263.

吴建平.我国近代国防教育的历史发展及其启示[J].昆明理工大学学报(社会科学版),2010(4):95-99.

吴林龙,胡新峰.论学生思想政治教育对象发展关键期的生成机制[J].思想政治教育研究,2013(1):43-46.

吴明隆.问卷统计分析实务:SPSS操作与应用[M].重庆:重庆大学出版社,2010.

吴倩倩.浅谈军事理论课课程思政实践[J].湖北经济学院学报(人文社会

科学版),2021(5):152-154.

吴帅,徐巧.军训对运动康复专业男生体质影响的研究:以吉林体育学院
　　2016级运动康复专业学生为例[J].文体用品与科技,2018(16):177-
　　178.

吴温暖.高等学校国防教育[M].厦门:厦门大学出版社,2007.

吴小玮.美国童子军训练及对我国青少年生存教育的启示[J].外国中小学
　　教育,2015(11):29-33.

武炳,等.国防教育学[M].北京:国防大学出版社,2002.

奚纪荣.中国国防教育史概论[J].军事历史研究,2002(3):129-142.

谢惠媛,岳红.深化道德教育引导的道德情感进路探析[J].北京航空航天
　　大学学报(社会科学版),2021(3):1-6.

辛继湘.体验教学研究[M].长沙:湖南大学出版社,2005.

邢以群,鲁柏祥,施杰,等.以学生为主体的体验式教学模式探索:从知识到
　　智慧[J].高等工程教育研究,2016(5):122-128.

熊春兰.论国防生国防意识现状及教育对策[D].长沙:湖南师范大学,
　　2013.

熊武一.中国军事大辞海[Z].北京:线装书局,2010.

徐东波.总体国家安全观视野下高校国防教育的问题及对策[D].厦门:厦
　　门大学,2018.

徐福水,孙浩然.高校国防教育的功能协调与形式创新[J].煤炭高等教育,
　　2007(4):115-116.

徐建军,汪强.高等学校国防教育与素质教育关系论[M].北京:人民出版
　　社,2011.

徐旭敏.高校大学生国防素质培养的思考[D].长沙:中南大学,2010.

许昌斌,符兴干,钟清云.新时代高校思想政治教育和国防教育融合发展的
　　对策和实践[J].绥化学院学报,2020(9):117-119.

许长志.中国古代军事教育史[M].济南:黄河出版社,1992.

许之屏.运动与儿童心理发展[M].长沙:湖南师范大学出版社,2005.

闫忠林,问鸿滨.建构新时期普通高校国防教育模式的路径研究:以"提升学生综合国防素质"为导向[J].社科纵横,2018(10):114-117.

闫忠林,张赟.新时代普通高校国防教育课堂教学存在的问题及对策[J].高教论坛,2019(11):65-68.

杨昌江.美育[M].武汉:武汉大学出版社,1988.

杨帆,陈向明.论我国教育质性研究的本土发展及理论自觉[J].南京社会科学,2019(5):142-149.

杨晓军.留守儿童情感教育的媒介化"补偿"机制探析[J].电化教育研究,2014(7):36-40.

杨兆山,时益之.素质教育的政策演变与理论探索[J].教育研究,2018(12):18-29.

余爱明,朱鹏飞,周姚.高校军事理论课实践性教学探析[J].东南大学学报(哲学社会科学版),2021(S1):131-134.

喻晓璐."泛娱乐化":电视文化产业的娱民之殇与突围之路[J].电影评介,2020(12):89-92.

袁百文.普通高校军事课程实施现状、问题及对策研究[D].重庆:西南大学,2020.

袁超越.新时代军民融合深度发展的内在需求与实现路径[J].学习与实践,2021(1):63-72.

曾妮.论劳动教育中的"体验"及其关键环节[J].中国电化教育,2021(11):9-15.

詹家峰.国家战略能力与综合国力浅析[J].现代国际关系,2005(4):21-27.

张光伟.对加强青少年学生国防教育的几点思考[J].连云港师范高等专科学校学报,2011(1):78-80.

张和芸,单慧粉.后浪奔涌!2020年大学生应征报名远超120万[N].解放军报,2020-12-30.

张恺,宋玉霞,张新星.居安思危:国家安全教育[M].北京:航空工业出版社,2021.

张丽芳.高职大学生国防意识研究:以闽西职业技术学院为例[D].厦门:厦门大学,2014.

张美纪.普通高校国防教育课程评价体系探究[J].中国成人教育,2014(20):159-161.

张念宏.智育百科辞典[M].北京:中国国际广播出版社,1989.

张文木.关于甲午战争的大历史总结[J].经济导刊,2014(9):82-88.

张文木.全球视野中的中国国家安全战略(上卷)[M].济南:山东人民出版社,2008.

张晓,薛希龙."慕课"形式下高校军事理论课教学改革的思考[J].教育现代化,2018(6):101-102.

张学敏,叶忠.教育经济学[M].北京:高等教育出版社,2009.

张颖姝,王振浩.从皇室到平民百姓,世界各国国家安全教育这样做[EB/OL].(2018-04-15)[2022-10-06].http://www.81.cn/wjsm/2018-04/15/content_8004540_5.htm.

张振华.拓展国防教育的综合育人功能[J].中国职业技术教育,2008(11):42-43.

张正明,崔殿宁,高岑.在新时代对培育大学生综合国防素质的思考[J].国防科技,2018(5):53-56.

张志勇.情感教育论[M].北京:北京大学出版社,1995.

赵康太.中国大学生教育管理体制改革与创新研究[M].海口:海南出版
　　社,2003.

赵伦芬,赫崇飞,王继辉.广东省国防教育师资评价体系刍议[J].延边教育
　　学院学报,2017(3):68-71.

赵晓晖.体验式教学在德育教学工作中的借鉴教育管理[J].企业家天地
　　(下半月刊·理论版),2008(11):85-86.

赵晓勇.论舞蹈教育的关键期[J].北京舞蹈学院学报,2008(4):97-100.

赵跃强,陈卫东,吴雷.国防生培养综合素质影响因素分析[J].海南大学学
　　报(人文社会科学版),2011(6):140-146.

郑淼文,张雅博,汤明月,等.借力红色教育资源,盘活高校国防教育[J].教
　　育现代化,2017(12):179-180.

钟开斌.中国国家安全观的历史演进与战略选择[J].中国软科学,2018
　　(10):23-30.

周仁,赵晓芳,杨龙泉.同心抗"疫":国防动员系统众志成城抗击新冠肺炎
　　疫情[EB/OL].(2020-03-11)[2022-10-06].http://www.81.cn/
　　jmywyl/2020-03/11/content_9765933.htm.

朱世杰,等.学校国防教育史[M].北京:军事谊文出版社,2003.

朱小蔓,丁锦宏.情感教育的理论发展与实践历程:朱小蔓教授专访[J].苏
　　州大学学报(教育科学版),2015(4):70-80.

朱小蔓,梅仲荪.道德情感教育初论[J].思想·理论·教育,2001(10):28-32.

朱小蔓.情感德育论[M].北京:人民教育出版社,2005.

朱小蔓.情感教育论纲(第3版)[M].南京:南京师范大学出版社,2019.

朱正奎.大学生军训的德育功能分析[J].教育探索,2009(8):134-136.

朱智,刘杭军.浅谈军事理论课的授课艺术[J].东南大学学报(哲学社会科
　　学版),2006(S2):220-221.

朱智贤,林崇德.思维发展心理学[M].北京:北京师范大学出版社,1986.

祝玮.参与网球运动的大学生身体活动、主观幸福感、锻炼动机和自我效能感的关系研究[D].扬州:扬州大学,2021.

邹宗全.美国西点军校学员领导能力培养体制[M].北京:解放军出版社,2003.

附　录　普通高校大学生综合国防素质量表

亲爱的同学：

您好！

非常感谢您在百忙之中抽出宝贵的时间填写这份问卷。本调查仅客观了解普通高校大学生综合国防素质的相关情况，为改进大学生国防教育教学提供参考。问卷调查实行匿名制，问卷信息会按照有关法律规定严格保密，不会给您及您所在学校带来任何不良影响，敬请放心填写。

问卷共 35 题，填答问卷需 5～10 分钟，请您在适当位置填写有关资料或选择相应的项目，非常感谢您的参与！

1.总体来讲,您认为自己的健康状况如何？［单选题］［必答题］

　A.差

　B.一般

　C.比较好

　D.好

　E.非常好

2.总体来讲,您认为自己的体能素质如何？［单选题］［必答题］

　A.差

　B.一般

　C.好

　D.很好

　E.非常好

3.根据国家体质检测标准,您感觉自己在校期间最近一次立定跳远测试成绩如何？［单选题］［必答题］

　A.比较差

　B.不太好

　C.中等（或不确定）

D. 良好

E. 优秀

4. 根据国家体质检测标准,您感觉自己在校期间最近的一次耐力跑测试(男生 1000 米,女生 800 米)成绩如何?［单选题］［必答题］

A. 比较差

B. 不太好

C. 中等(或不确定)

D. 良好

E. 优秀

5. 根据国家体质检测标准,您感觉自己在校期间最近的一次 50 米跑测试成绩如何?［单选题］［必答题］

A. 比较差

B. 不太好

C. 中等(或不确定)

D. 良好

E. 优秀

6. 您对我国武装力量的组成部分的了解程度如何?［单选题］［必答题］

A. 一无所知

B. 不太了解

C. 大概了解

D. 了解

E. 非常了解

7. 您对我国国防法规确定的国防动员的时机和流程的了解程度如何?［单选题］［必答题］

A. 一无所知

B. 不太了解

C. 大概了解

D. 了解

E. 非常了解

8. 您对美军的军种组成的了解程度如何？［单选题］［必答题］

A. 一无所知

B. 不太了解

C. 大概了解

D. 了解

E. 非常了解

9. 您对我军现役的轻武器（包括步枪、手枪等）的名称的了解程度如何？［单选题］［必答题］

A. 一无所知

B. 不太了解

C. 大概了解

D. 了解

E. 非常了解

10. 您对单兵战术基础动作的名称的了解程度如何？［单选题］［必答题］

A. 一无所知

B. 不太了解

C. 大概了解

D. 了解

E. 非常了解

11. 您对我军紧急拉动等战备等级转换的相关知识的了解程度如何？［单选题］［必答题］

A. 一无所知

B. 不太了解

C. 大概了解

D. 了解

E. 非常了解

12.您对我国的主要国防法规的名称的了解程度如何？〔单选题〕〔必答题〕

A. 一无所知

B. 不太了解

C. 大概了解

D. 了解

E. 非常了解

13.如果现在组织步枪射击考核,根据教官的提示,您是否可以完整、安全地完成射击动作？〔单选题〕〔必答题〕

A. 完全不行

B. 可能不行

C. 不确定

D. 应该可以

E. 当然可以

14.您是否可以完整、准确、顺利地完成心肺复苏的救治动作？〔单选题〕〔必答题〕

A. 完全不行

B. 可能不行

C. 不确定

D. 应该可以

E. 当然可以

15.在听到相关指令后,您是否可以较完整、准确地完成穿戴防毒面具的动作?［单选题］［必答题］

　　A. 完全不行

　　B. 可能不行

　　C. 不确定

　　D. 应该可以

　　E. 当然可以

16.在听到相关指令后,您是否可以完整、准确地完成徒手卧倒、起立、各种匍匐姿势前进等单兵战术的动作?［单选题］［必答题］

　　A. 完全不行

　　B. 可能不行

　　C. 不确定

　　D. 应该可以

　　E. 当然可以

17."国是千万家,为了国家利益,就算牺牲了自己个人利益,也是值得的",您对这一观点的看法如何?［单选题］［必答题］

　　A. 不同意

　　B. 不太同意

　　C. 不能确定

　　D. 比较同意

　　E. 非常同意

18."从军很光荣",您对这一观点的看法如何?［单选题］［必答题］

　　A. 不同意

　　B. 不太同意

　　C. 不能确定

　　D. 比较同意

E. 非常同意

19. 对当前国防军队建设取得的巨大成就,您感觉自豪吗? [单选题]
[必答题]

A. 从不

B. 极少

C. 有时

D. 经常

E. 总是

20. 您对听军事方面的学术报告的兴趣程度如何? [单选题][必答题]

A. 没有兴趣

B. 兴趣不大

C. 一般

D. 比较感兴趣

E. 非常感兴趣

21. 您对收看军事类电视节目的兴趣程度如何? [单选题][必答题]

A. 没有兴趣

B. 兴趣不大

C. 一般

D. 比较感兴趣

E. 非常感兴趣

22. 您对阅读军事方面的书籍的兴趣程度如何? [单选题][必答题]

A. 没有兴趣

B. 兴趣不大

C. 一般

D. 比较感兴趣

E. 非常感兴趣

23.您对收看收听国防军事类新闻报道的兴趣程度如何？［单选题］
［必答题］

　　A.没有兴趣

　　B.兴趣不大

　　C.一般

　　D.比较感兴趣

　　E.非常感兴趣

24.您认为自己是否适合从事与军事有关的工作？［单选题］［必答题］

　　A.不适合

　　B.不太适合

　　C.不确定

　　D.比较适合

　　E.非常适合

25.您认为自己的专业知识是否有可能服务于国防和军队建设？［单
选题］［必答题］

　　A.不可能

　　B.不太可能

　　C.不确定

　　D.比较可能

　　E.非常可能

26.您认为凭自己的能力素质是否可以在国防和军队建设上有一番作
为？［单选题］［必答题］

　　A.完全不行

　　B.可能不行

　　C.不确定

　　D.应该可以

E. 完全可以

27. 您对国际形势发展的关注程度如何？［单选题］［必答题］

　　A. 不关注

　　B. 不太关注

　　C. 偶尔关注

　　D. 比较关注

　　E. 非常关注

28. 您对台湾岛内的局势变化的关注程度如何？［单选题］［必答题］

　　A. 不关注

　　B. 不太关注

　　C. 偶尔关注

　　D. 比较关注

　　E. 非常关注

29. 您对我国的领土争端问题,比如中印领土争端、钓鱼岛问题、南海岛礁归属问题的关注程度如何？［单选题］［必答题］

　　A. 不关注

　　B. 不太关注

　　C. 偶尔关注

　　D. 比较关注

　　E. 非常关注

30. 您对中美关系的关注程度如何？［单选题］［必答题］

　　A. 不关注

　　B. 不太关注

　　C. 偶尔关注

　　D. 比较关注

　　E. 非常关注

31.您对美军在亚太地区的军力部署的关注程度如何？［单选题］［必
答题］

A. 不关注

B. 不太关注

C. 偶尔关注

D. 比较关注

E. 非常关注

32.您对美军进入我南海、台海、东海等侵权行为的关注程度如何？
［单选题］［必答题］

A. 不关注

B. 不太关注

C. 偶尔关注

D. 比较关注

E. 非常关注

33.如果组织"国防教育青年志愿者"活动,您是否愿意参加？［单选
题］［必答题］

A. 不愿意

B. 不太愿意

C. 一般

D. 比较愿意

E. 非常愿意

34.如果组织以国防宣传为主题的公益活动,您是否愿意参加？［单选
题］［必答题］

A. 不愿意

B. 不太愿意

C. 一般

D. 比较愿意

E. 非常愿意

35.学校组织招聘会时有国防军工单位或军队文职的招聘活动,与其他岗位招聘相比,您是否更愿意选择国防军事类部门?［单选题］［必答题］

A. 不愿意

B. 不太愿意

C. 一般

D. 比较愿意

E. 非常愿意